Franz Binder Ayshen Delemen

Samarkand · Chiwa · Buchara

TERRA INCOGNITA

Franz Binder   Ayshen Delemen

Samarkand
Chiwa · Buchara

Islamische Hochkultur in Mittelasien

mit 120 Farbbildern und einer Karte

Eulen Verlag

Reproduktionen: SR Schwetzinger Reproduktionstechnik
Satz: typo spezial Ingrid Geithner, Erding
Gesamtherstellung: Freiburger Graphische Betriebe
ISBN 3-89102-252-2

Inhalt

Einleitung ... 7

Tausendundeine Nacht unter Hammer und Sichel ... 9

Land und Leute ... 9
Ein Schmelztiegel der Völker ... 15
Marx und Mohammed ... 18
Weißes Gold und weißer Tod ... 19
Tausendundeine Nacht und harte Wirklichkeit ... 23

Von der Steinzeit zur Revolution ... 31

Die bewegte Geschichte Mittelasiens ... 31
Eines der ältesten Kulturländer der Welt ... 32
Die Nomaden — die Herren der Steppe ... 34
Die geschriebene Geschichte beginnt ... 35
»Der König des Alls« erobert Mittelasien ... 36
Das Reich der Kuschan ... 38
Das Reich der Feueranbeter ... 39
Hunnisches Intermezzo ... 39
Die Chanate der Türken ... 42
Eine Hochblüte in Zeiten des Umbruchs ... 42
Dshihad — Heiliger Krieg ... 43
Chinesisches Zwischenspiel und islamischer Sieg ... 46
Ein goldenes Zeitalter ... 47
Die Zeit vor dem großen Sturm ... 50
Die Strafe Gottes ... 54
Die Erben Dschingis-Chans ... 55
Timur, der Lahme ... 57
Blütezeit unter den Timuriden ... 60
Die Ösbeken setzen sich durch ... 60
Der Niedergang der Kultur ... 61
Zaren und Kommunisten ... 64

Im Namen Allahs, des Allbarmherzigen ... 67

Kunst und Kultur des Islam ... 67
Allahu akbar — Gott ist groß ... 68
Die Kunst des Islam ... 69
Formen der Architektur ... 71
Ein Vorgeschmack des Paradieses ... 73
Die übrigen Künste ... 76
Die Hochblüte der Wissenschaften ... 77
Die Seidenstraße ... 80

Samarkand 81

Goldene Stadt der Fruchtbarkeit 81

Chiwa 94

Kulisse aus Tausendundeine Nacht 94

Buchara 106

Die heilige Stadt 106

Zeittafel 113
Literaturverzeichnis 117
Danksagung 118

Einleitung

Getrocknet honigsüße Früchte
Von Buchara, dem Sonnenland,
Und tausend liebliche Gedichte
Auf Seidenblatt von Samarkand.

Johann Wolfgang von Goethe
West-östlicher Divan

Wer nach Höhepunkten islamischer Kunst und Kultur sucht, denkt an die filigranen Schöpfungen persischer Meister, an die Moscheen Nordafrikas, die seldschukischen und osmanischen Bauwerke der Türkei, die maurischen Hinterlassenschaften in Spanien oder die Prachtentfaltung der Mogulherrscher Nordindiens. In vielen Ländern haben islamisch geprägte Hochkulturen Kunst und Kunsthandwerk von höchstem Rang hinterlassen. Doch es ist allgemein kaum bekannt, daß die endlosen Steppen und Wüsten Mittelasiens, die Gebiete östlich des Iran, nördlich Afghanistans und westlich Chinas, die heute zur Sowjetunion gehören, Kernländer der islamischen Welt sind.

Abb.: In den Tschai-Chanes Mittelasiens scheint die Zeit langsamer zu fließen. Auch heute spielen die traditionellen Teestuben eine unverzichtbare Rolle im Leben der Dörfer und Städte. Täglich treffen sich dort die Männer zu einem Spiel Domino oder Backgammon und zu einem ausgiebigen Plausch. Manche aber genießen ihren grünen Tee lieber in beschaulicher Ruhe, wie dieser alte Moslem in einer Tschai-Chane in Schahr-i Sabs nahe Samarkand.

Die geschichtsträchtige Region entlang der Seidenstraße, an einem Berührungspunkt der östlichen und westlichen Welt, von Herrschern und Eroberern aus allen Himmelsrichtungen umkämpft, brachte im Lauf der Jahrtausende viele Hochkulturen hervor; der über 1200 Jahre währende Einfluß des Islam aber prägte Mittelasien bis zur Gegenwart. Kriegsherren wie Dareios, Alexander der Große, Dschingis Chan und Tamerlan haben hier Geschichte geschrieben, doch auch berühmte Künstler, Dichter, Philosophen und Wissenschaftler haben in den blühenden Städten des alten Turkestan gelebt und gewirkt.
Zerrissen von blutigen Kriegen, überrannt von den Steppenvölkern Zentralasiens, von Turkstämmen, Hunnen und Mongolen, erobert von fremden Herren, von Griechen, Persern, Arabern, Chinesen, immer wieder aufblühend in einer neuen goldenen Epoche und immer wieder grausam zerstört, ist Mittelasien einer der interessantesten Landstriche der Welt, die Wiege vieler Völker, Schmelztiegel der Rassen, Religionen und Künste. Der Hellenismus hat hier seine Spuren hinterlassen, die iranischen Feueranbeter, buddhistische Mönche aus Indien, die Horden der Mongolen, die Baumeister Persiens, türkischer Geist und chinesische Kultur. Viel Unersetzliches wurde für immer zerstört, die Errungenschaften ganzer Epochen bis auf wenige Reste ausgelöscht.

In drei Städten haben sich die Zeugnisse islamischer Hochkultur am besten bewahrt — in Samarkand, einer der ältesten Städte der Welt, in der »heiligen Stadt« Buchara und in Chiwa, das noch heute anmutet wie eine Kulisse aus Tausendundeiner Nacht. Bauwerke finden sich dort, die zu den schönsten und eindrucksvollsten der islamischen Welt zählen, prächtige Fayencearbeiten und viele andere Zeugnisse einer im höchsten Maß entwickelten Kunst, Kultur und Wissenschaft.

Dieses Buch will Einblick geben in die Kunstschätze Mittelasiens und die wechselvolle Geschichte seiner Völker. Doch es will auch Eindrücke vom heutigen Leben vermitteln, das noch erfüllt ist von orientalischer Farbenpracht und islamischer Tradition, zugleich aber geprägt wird von den ehrgeizigen Zielen der modernen Großmacht Sowjetunion und bedroht ist von schwerwiegenden sozialen und ökologischen Problemen. In Wort und Bild erwachen Landschaft, Geschichte, Kultur und Menschen dieser faszinierenden, in unseren Breiten aber kaum bekannten Region zum Leben.

Tausendundeine Nacht unter Hammer und Sichel

Land und Leute

Abb. oben: Kaum jemand weiß, daß die südlichen Republiken der Sowjetunion Kernländer des Islam sind, geprägt von althergebrachter orientalischer Lebensweise. Doch die für den Gast aus Europa oft romantisch wirkenden Szenen — wie die drei alten Männer, die auf dem Basar von Chiwa um den Preis für Gemüse feilschen — können nicht über die großen sozialen und ökologischen Probleme des sowjetischen Orients hinwegtäuschen.

Auf der folgenden Doppelseite: Außerhalb der Oasen und künstlich bewässerten Gebiete Mittelasiens erstreckt sich endlose Steppe und Wüste.

Das Kerngebiet Mittelasiens, des alten Turkestans, gehört heute zum wesentlichen Teil zur sowjetischen Republik Usbekistan. Begrenzt durch die Flüsse Amu Darja und Syr Darja, den Aralsee und Ausläufer des Tienschan-Gebirges, liegt es eingebettet in gewaltige Wüsten, Halbwüsten, Steppen und Gebirgszüge. Die politischen Grenzen Usbekistans zu den anderen mittelasiatischen Sowjet-Republiken Turkmenien, Kirgisien, Tadschikistan und Kasachstan, sowie an seinem südlichen Ausläufer zu Afghanistan, scheinen willkürlich gezogen angesichts der fast unbegrenzten Ödnis der Wüsten Kara Kum (Schwarzer Sand), Kyzyl Kum (Roter Sand), der Hungersteppe Kasachstans und den ausgedehnten Gebirgszügen im Süden und Osten mit ihren Hauptketten Tienschan, Alai, Trans-Alai und Pamir. Der östliche Teil des alten Turkestan liegt heute in der chinesischen Provinz Sinkiang.

Mit einer Fläche von 447.400 Quadratkilometern ist Usbekistan etwa so groß wie Deutschland und Österreich zusammen, doch macht es nur einen kleinen Teil der Gesamtfläche Sowjetisch-Mittelasiens aus, die fast 4 Millionen Quadratkilometer umfaßt.

Der Großteil dieser gewaltigen Landmassen besteht aus Wüste und Steppe. Wer mit dem Flugzeug diese karge, menschenleere Wildnis überfliegt, die endlosen Ebenen, die kahlen Felsgebirge, die Salz- und Sandwüsten, die ausgetrockneten Wasserläufe, kann die Mühen und Strapazen nicht mehr ermessen, die frühe Reisende und Händler auf sich nahmen, wenn sie den Karawanenstraßen folgten, die vom Abendland nach China und Indien führten.

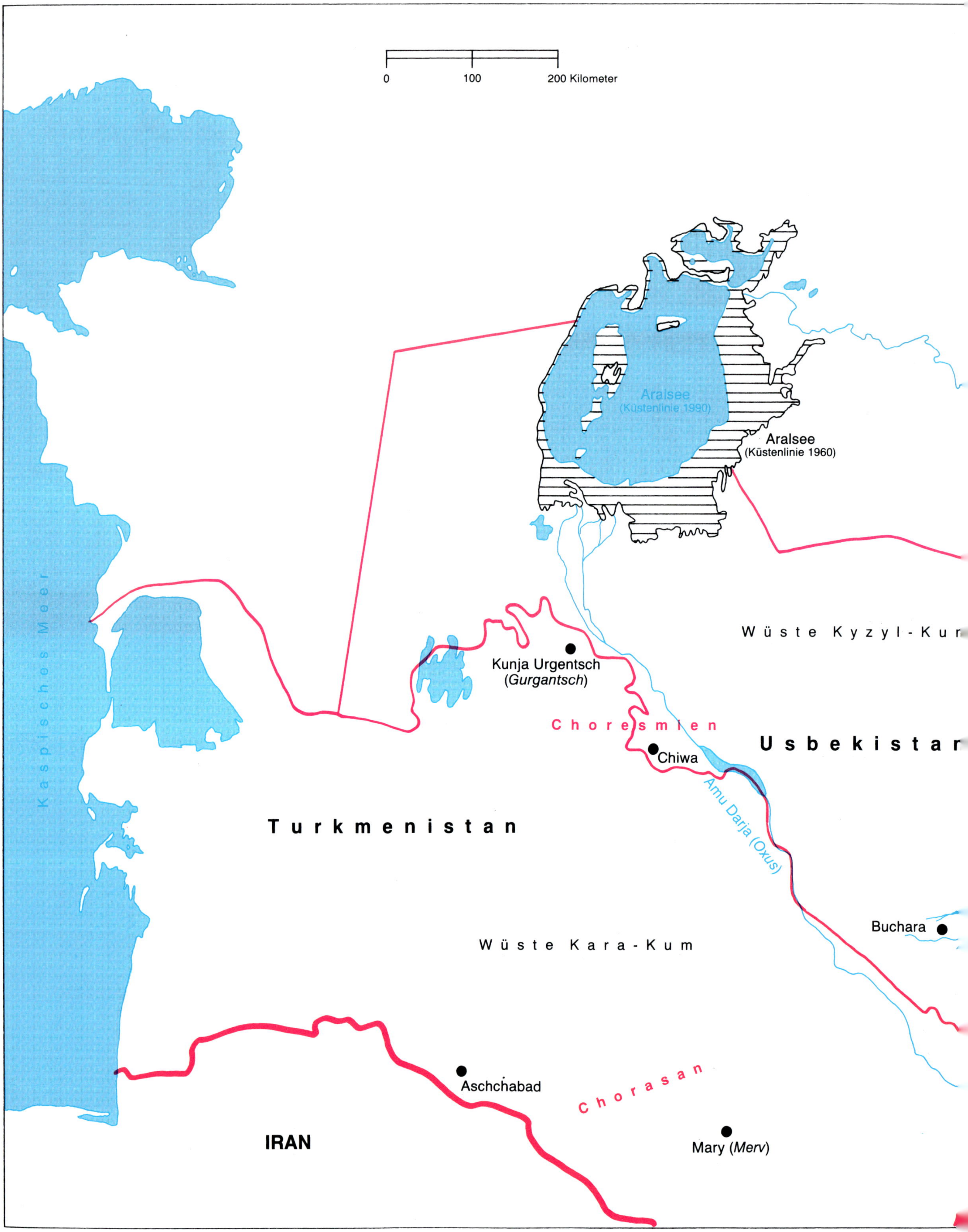
0
100
200 Kilometer
Aralsee
(Küstenlinie 1990)
Aralsee
(Küstenlinie 1960)
Kaspisches Meer
Wüste Kyzyl-Kum
Kunja Urgentsch
(*Gurgantsch*)
Choresmien
Chiwa
Usbekistan
Amu Darja (Oxus)
Turkmenistan
Buchara
Wüste Kara-Kum
Aschchabad
Chorasan
IRAN
Mary (*Merv*)

Moskau
Berlin
Ankara
Taschkent
Teheran
Kairo
Delhi
Balchasch-See
Kasachstan
Alma Ata
Syr Darja (Jaxartes)
Turkestan
Frunse
Issyk-Kul-See
Kirgisistan
Taschkent
Ferghana
Kokand
Sogdien
Serafschan
Samarkand
CHINA
Schahr-i Sabs (Kesch)
Tadschikistan
Duschanbe
Baktrien
Termes
AFGHANISTAN

Von alters her waren es die Oasen, die menschliche Ansiedlungen in dieser lebensfeindlichen Umgebung erlaubten. Berühmte Städte, wie Samarkand, Chiwa und Buchara, die Perlen Usbekistans, entstanden an solchen, vom Lebensspender Wasser begünstigten Orten. Sie wurden zu Brennpunkten von Kultur und Handel, von Geschichte und Wissenschaft, von Leben und Fruchtbarkeit, während die daseinsbedrohenden Wüsten einst bis fast an ihre Stadtmauern reichten.

Auch Taschkent, seit 1930 die Hauptstadt Usbekistans, liegt in einer Oase. Nach Moskau, Leningrad und Kiew die viertgrößte Stadt der UdSSR ist Taschkent die moderne Metropole Mittelasiens mit internationalem Flughafen, Eisenbahnknotenpunkt, Wirtschafts-, Wissenschafts-, Industrie- und Verwaltungszentren, neugebauten Wohnvierteln und Trabantenstädten, Hochhäusern, Theatern, Museen, Springbrunnen, Parkanlagen, großen Hotels, breiten, belebten Straßen, Alleen und Plätzen und einem U-Bahn-Netz mit palastartigen Bahnhöfen. Etwa 2,3 Millionen Menschen leben in dieser geschäftigen Großstadt, die zwar bereits in chinesischen Quellen des ersten vorchristlichen Jahrhunderts erwähnt wird und ein Handelszentrum an der Seidenstraße war, jedoch nie die Bedeutung von Samarkand und Buchara erreichte. Der Geist des alten Orient ist nur noch in den Resten der Altstadt zu spüren, die von dem schweren Erdbeben verschont wurden, das im April 1966 Taschkent in Schutt und Asche legte. Das kleine Viertel mit seinen flachen Lehmhäusern, den engen, verwinkelten Gassen, den Wassergräben, Moscheen, Teestuben und dem Basar wirkt wie ein Relikt aus lange vergangenen Tagen, ein Museum unter freiem Himmel, durch Zufall erhalten geblieben. Breite Straßen grenzen es vom modernen Taschkent ab, wo die gesichtslosen Bauten der Neuzeit in den Himmel wachsen und riesige Plätze mit monumentalen Denkmälern, Brunnen und Regierungsgebäuden in ihrem proportionslosen Gigantismus nie ein Gefühl von imposanter Weite, von gestaltetem Raum, vermitteln, sondern eines von Leere und Leblosigkeit. In den Museen Taschkents findet sich so mancher Schatz altislamischen Kunsthandwerks und Ausgrabungsfunde aus Mittelasien, die wenigen erhaltenen historischen Bauten dieser modernen Metropole reichen in ihrer Schönheit und kunsthistorischen Bedeutung aber nicht an die Bucharas und Samarkands heran.

Das große Erdbeben von Taschkent, bei dem über 1000 Erdstöße an die 36.000 Gebäude in Trümmer legten und vor allem die historische Altstadt verwüsteten, war selbst in diesem erdbebengefährdeten Gebiet ein Extrem, doch die zerstörende Kraft unzähliger kleiner und größerer Erderschütterungen läßt in ganz Mittelasien den Zahn der Zeit schneller nagen und ist ein Grund für den raschen Verfall und schlechten Erhaltungszustand vieler alter Bauwerke.
Aber auch die Klimaverhältnisse setzen den Kunstdenkmälern stark zu. Das typische Kontinentalklima mit heißen, trockenen Sommern und kalten Wintern ist in Mittelasien zum äußersten gesteigert. Im Sommer klettert das Thermometer bis auf Spitzenwerte um 50 Grad, im Winter sind durch die aus Sibirien in das ungeschützte Landesinnere einströmende Kaltluft Minustemperaturen bis 30 Grad keine Seltenheit. Abhängig von den unterschiedlichen Lebensräumen (Gebirge, Wüste, Steppe) gibt es eine Reihe verschiedener Klimazonen mit entsprechender Flora und Fauna. Vor allem die Täler und das Gebirgsvorland weisen eine reiche Tier- und Pflanzenwelt auf. Aber auch Wüsten und Steppen bergen Leben hinter ihrer abweisenden Fassade, vor allem Kriechtiere, von denen die Wüstenwarane eine respektable Größe von anderthalb Metern erreichen können. Im Frühling, wenn die Sonne milder strahlt und etwas Regen fällt, blüht die Wüste. Doch Regen ist knapp und vor allem im Frühjahr und Spätherbst zu erwarten. In den Sommermonaten fällt in den meisten Gebieten weniger als 100 mm Niederschlag.

Ein Schmelztiegel der Völker

Durch die beiden Ströme Amu Darja (der antike Oxus — Länge 2540 km) und Syr Darja (der antike Jaxartes — 2212 km), die wasserreichsten Flüsse Mittelasiens, und die Flußoasen des Serafschan ist Usbekistan gegenüber den anderen Republiken in Sowjetisch-Mittelasien begünstigt. Obwohl es nur über die drittgrößte Landfläche der fünf mittelasiatischen Republiken verfügt, hat es mit über 18 Millionen Menschen die meisten Einwohner und mit etwa 40 Einwohnern pro Quadratkilometer die höchste Bevölkerungsdichte. Die Menschen leben vor allem in den Oasen und den durch künstliche Bewässerung fruchtbar gemachten Gebieten. In den Gebirgen und Steppenregionen findet sich nur schwache Besiedelung, die Wüsten sind nahezu unbewohnt.

Durch seine geographische Lage im Zentrum Asiens und seine wechselvolle Geschichte wurde das Land zwischen den beiden Flüssen zu einem Schmelztiegel von Völkern und Stämmen aus allen Himmelsrichtungen. Immer wieder wurde es in Besitz genommen von Einwanderern und Eroberern und immer wieder vermischten sich diese Eindringlinge im Laufe der Jahrhunderte mit der ansässigen Bevölkerung, bewahrten aber ihre Eigenarten von Sprache, Kultur und Lebensart. Heute gehört der sowjetische Orient zu den wenigen Plätzen der Welt, wo eine solche Vielfalt von Volksstämmen zusammenlebt. Auch in Samarkand, Chiwa und Buchara ist das Stadtbild geprägt von einer scheinbar willkürlichen Mischung der Rassen und ethnischen Gruppen, die sich durch ihr Aussehen, ihre Tracht, ihre Sprache unterscheiden. Usbeken, Kirgisen, Turkmenen, Kasachen, Tataren, Uiguren, Aserbaidschaner, Karakalpaken und andere machen die Gruppe der Turkvölker aus, Tadschiken, Galtschas (Bergtadschiken), Jagnobi, Schuganaer, Jasgulamer und andere die Indogermanen iranischer Abstammung. Russen, Ukrainer, Deutsche, Juden, Zigeuner und andere, die nicht zur ursprünglichen Bevölkerung Mittelasiens zählen, tragen zudem zu dieser Vielfalt bei. Allein in Samarkand leben Menschen aus etwa 90 Nationalitäten.

Die Usbeken, ursprünglich in 92 sich selbst verwaltende Stämme gegliedert, spielen innerhalb dieses Völkergemisches die wichtigste Rolle — in Usbekistan liegt ihr Anteil an der Gesamtbevölkerung bei etwa zwei Drittel. Sie sind seit dem 14. Jahrhundert aus verschiedenen turksprachigen Nomadenstämmen zusammengewachsen. Die Tadschiken hingegen, die zweitgrößte Volksgruppe Mittelasiens, gehören der europiden Rasse an und verständigen sich in der persischen Sprache.

Dieses Nebeneinander der Völker und Kulturen, die laut sowjetischer Verfassung in Gleichheit und Brüderlichkeit zusammenleben, verläuft nicht immer friedlich. Es brodelt im Schmelztiegel der Völker. Seit »Glasnost« gehen Berichte über blutige Auseinandersetzungen auch durch westliche Medien, so die Pogrome der Usbeken gegen die von Stalin nach Mittelasien deportierten Mescheten in der Oase von Ferghana im Sommer 1989, als 50.000 Mescheten fliehen mußten und 16.000 vom Militär nach Zentralrußland evakuiert wurden. In nur zwei Tagen kamen hundert Menschen ums Leben; die Region stand am Rand eines Bürgerkrieges. Im Februar 1990 mußte über die Hauptstadt der Nachbarrepublik Tadschikistan der Ausnahmezustand verhängt werden, als es nach anti-armenischen Kundgebungen zu Massenunruhen, Pogromen und Brandstiftung gekommen war. Tage später griffen die Unruhen auch auf Kirgisien über. Im Juni 1990 gab es bei Zusammenstößen zwischen Usbeken und Kirgisen mehrere hundert Tote. Mittlerweile fühlen sich unter dem Druck des wachsenden nationalen Selbstbewußtseins der »Urbevölkerung« auch viele Russen nicht mehr wohl in ihrer »neuen Heimat« Mittelasien. Mitte der achtziger Jahre begann ein Exodus, der seither lawinenartig angewachsen ist. Schon zehntausende Russen haben Mittelasien verlassen. Zugleich erfreut sich die Volksbewegung »Birlik« — »Einheit« — in der sich die nationalen Kräfte Usbekistans sammeln, wachsender Popularität. Im Juni 1990 schließlich verabschiedete das Parlament der Republik Usbekistan eine Souveränitätserklärung — nach den baltischen Republiken strebt nun auch das Kernland Mittelasiens seine Unabhängigkeit von der Sowjetunion an.

Soziale Spannungen, separatistische Bestrebungen der Volksgruppen und nicht zuletzt religiöse Meinungsverschiedenheiten, die den Vielvölkerstaat der UdSSR bedrohen, seit Michail Gorbatschow den eisernen Griff des Stalinismus lockerte, haben auch vor den mittelasiatischen Republiken nicht haltgemacht, wo der neu erstarkende Einfluß des Islam für zusätzlichen Zündstoff sorgt.

Menschen aus etwa hundert Nationalitäten bestimmen das Bild der Basare und Straßen in den Städten des sowjetischen Orients. Vor allem die »Urbevölkerung« Mittelasiens, die verschiedenen Gruppen der Turkvölker und der Indogermanen iranischer Abstammung, die zum großen Teil ihre traditionellen Trachten und Bräuche bis heute bewahrt haben, geben Mittelasien auch im 20. Jahrhundert ein ursprünglich orientalisches Gepräge.

Marx und Mohammed

Mit Religion in der Sowjetunion werden gewöhnlich der staatliche sozialistische Atheismus oder die orthodoxe Kirche in Verbindung gebracht. Kaum jemandem ist geläufig, daß sich über 30 Millionen Sowjetbürger zur Religion des Islam bekennen, das sind über 11 % der Gesamtbevölkerung und immerhin 4 % der Muslime in der ganzen Welt. Die UdSSR nimmt in der Rangliste der islamischen Länder den neunten Platz ein. Der Großteil der sowjetischen Mohammedaner lebt in Mittelasien, das seit dem 7. Jahrhundert zum Glauben an den Propheten bekehrt wurde. Bis heute sind die Republiken des sowjetischen Orients islamische Kernländer geblieben. 80 % der Bevölkerung von Usbekistan sind Mohammedaner, allen Versuchen der Zentralregierung in Moskau zum Trotz, die Lehre des atheistischen Materialismus an die Stelle des Koran zu setzen.

Trotz 70 Jahren Indoktrination mit den Idealen der kommunistischen Ideologie und massiven Versuchen, die Kultur des Islam auszulöschen, blieb die islamische Identität der mittelasiatischen Urbevölkerung ungebrochen, auch wenn sie in die innere Emigration gehen mußte. Der Islam in Mittelasien hat die Zeit der Unterdrückung vor allem in sufistisch geprägten Bruderschaften überlebt, die sich hermetisch gegen die Außenwelt abschlossen und noch heute das islamische Leben dieser Regionen bestimmen. Erst seit einigen Jahren darf die Religiosität der Menschen Mittelasiens wieder öffentlichen Ausdruck finden.

Zwar sind viele islamische Prachtbauten in Samarkand, Chiwa und Buchara, die berühmten Medresen, Mausoleen und Moscheen, nur mehr Touristenattraktionen ohne geistige Funktion, zwar wurden tausende von sakralen Gebäuden zerstört oder dem Verfall überlassen, zwar ruft der Muezzin nur mehr an recht versteckt gelegenen Moscheen die Gläubigen zum Gebet, aber der Islam ist durchaus keine »Sache der alten Männer«, wie das linientreue russische Fremdenführer gerne erzählen. Diese weisen bei ihren Führungen vor allem auf die Errungenschaften des Fortschritts hin, welche die Revolution den mittelasiatischen Gebieten beschert hat, auf das moderne Gesundheitswesen, die Schulpflicht, die Abschaffung der Feudalstrukturen, die Befreiung und Gleichberechtigung der Frauen, die soziale Gerechtigkeit in der klassenlosen Gesellschaft und den »Segen« von Technik, Industrie und Wissenschaft.

Doch die Rückbesinnung auf die traditionellen religiösen Werte ist eine Bewegung, die überall in Mittelasien zu spüren ist und alle islamischen Bevölkerungsgruppen erfaßt. Sie ist zugleich eine Zuwendung zu einem neuen nationalen Selbstbewußtsein, das sich auf die kulturellen Traditionen vor der Revolution besinnt, und eine Loslösung von den als aufgezwungen empfundenen Werten der kommunistischen Ideologie. Daß diese Entwicklung die antirussische Stimmung schürt, scheint unausweichlich. Die offizielle Nationalhymne Usbekistans beginnt zwar mit einem Lobpreis des mächtigen Bruders: »Heil dir, russisches Volk, du großer Freund ...«, doch der Graben zwischen den »Nazionall«, den Ureinwohnern, und den Russen, die das Land erst vor etwa 120 Jahren für ihren Zaren erobert haben, scheint immer tiefer und unüberbrückbarer zu werden. So wird auch die »offizielle«, europäisch geprägte Kultur, welche die islamische in den Hintergrund gedrängt oder zur touristischen Folklore degradiert hat, zunehmend als Fremdkörper angesehen. »Schwanensee« und »Carmen« in den Ballett- und Opernhäusern oder Puschkin und Shakespeare in den Schauspieltheatern haben nichts mit der eigentlichen, islamisch geprägten Lebensart dieser Gegenden zu tun, sondern wurden von den russisch-europäischen Zuzüglern importiert, um die Anbindung an die zentrale Macht in Moskau zu festigen.

In den letzten Jahren milderte sich der Druck des Staates auf die Religion. Moscheen werden renoviert und neu eröffnet, junge Männer studieren wieder an Medresen — islamischen Hochschulen, von denen eine mittlere in Buchara und eine höhere in Taschkent zur Verfügung stehen — und dürfen sogar zu Medresen im Ausland reisen. In Betrieben verneigen sich die Arbeiter nach der Schicht gen Mekka, nicht selten sogar in einer selbst erbauten, betriebseigenen Moschee, und in den Hauptstädten der mittelasiatischen Republiken gibt es islamisch-geistliche Verwaltungen. Die Kosten für den Unterhalt der Medresen, für Selbstverwaltung, Personal und Gebäude werden ohne staatliche Zuschüsse oder Einnahmen aus Steuergeldern ausschließlich aus freiwilligen Spenden bestritten, ein weiteres Zeichen dafür, wie fest der Glaube an den Propheten im Volk verwurzelt ist. Das religiöse Leben, das sich jahrzehntelang in der Verborgenheit des Privaten vollzog, wird allmählich selbstbewußt und öffentlich und vermittelt zunehmend auch jungen Intellektuellen eine neue Identität abseits der vom Staat verordneten. Nach den jüngsten Reformen in der UdSSR konnten im Fastenmonat Ramadan des Jahres 1990 die Moslems in Usbekistan erstmals seit 70 Jahren in mehr als 150 Moscheen wieder frei ihren religiösen Pflichten nachgehen. Auch Pilgerfahrten nach Mekka sind den Gläubigen seit kurzem wieder möglich. Der langjährige Versuch der atheistischen Zentralmacht, die Kraft des Islam zu zerschlagen, mit den »alten Männern« aussterben zu lassen, ist endgültig gescheitert. Mohammed hat Marx überlebt.

Weißes Gold und weißer Tod

Von alters her nährte sich der Hauptteil der Bevölkerung der mittelasiatischen Gebiete von der Landwirtschaft. Die Seßhaften in den Oasen betrieben Ackerbau, die Nomaden in den Steppen und Halbwüsten Viehzucht. Seit Jahrtausenden wurde den Wüsten durch künstliche Bewässerung fruchtbares Land abgerungen. Bereits im Mittelalter betrug die zum Teil mit aufwendigen Mitteln bewässerte Fläche zwischen 8 und 10 Millionen Hektar. In den Obst- und Gemüsegärten gedeihen Aprikosen, Feigen, Melonen, Äpfel, Tomaten, Wein. Pappel- und Maulbeerbäume schaffen die Voraussetzung für die Zucht von Seidenraupen, die in den Städten an der alten Seidenstraße immer schon einen wesentlichen Wirtschaftszweig darstellte. Der spärliche Pflanzenwuchs in der Wüste Kyzyl Kum erlaubt die Kamelzucht und die Zucht von Karakul-Schafen, aus deren Fellen Persianer- und Breitschwanzpelze hergestellt werden.
Die moderne Technik aber machte künstliche Bewässerung in viel größerem Rahmen möglich. Dabei wurden die schwerwiegenden Probleme nicht einkalkuliert, die sich aus der Störung ökologischer Regelkreise und gewachsener wirtschaftlicher Strukturen ergeben. Für die sonnenreichen Republiken südlich des Aralsees wurde von der sowjetischen Zentralmacht die Baumwoll-Monokultur verordnet. Auf 92 % der landwirtschaftlich nutzbaren Fläche Usbekistans wird heute »weißes Gold« produziert. Obstgärten und Weideland wurden radikal zu Baumwollfeldern umfunktioniert, um das Plansoll zu erfüllen.

Aber das weiße Gold hat die Menschen Mittelasiens nicht reich gemacht. Neben Turkmenien ist Usbekistan die ärmste Sowjetrepublik. Frauen und Kinder leisten die Hauptarbeit auf den Baumwollfeldern, die durch Unmengen von Agrargiften, Entlaubungsmitteln und Kunstdünger verseucht sind. Nicht nur das Trinkwasser wird dadurch belastet, auch die Gesundheit der im Ernteeinsatz arbeitenden Menschen leidet Schaden, denn die Ernte wird zum Großteil per Hand eingebracht, da die Erntemaschinen nur mangelhaft funktionieren. Um die Behandlung von Krankheiten wie Anämie, Typhus, Hepatitis, die in den letzten 20 Jahren drastisch zugenommen haben, steht es nicht zum besten — nur sieben von zehn Krankenhäuser in Usbekistan verfügen über Kanalisation und nur ein Hospital von

Abb. oben: Taschkent ist eine moderne Großstadt, in der sich nur wenig erhalten hat, das an die lange Geschichte Mittelasiens erinnert. Auch die Medrese Kukeldasch aus dem 16. Jahrhundert (im Bild rechts unten), heute Sitz einer Behörde, wird überragt von Neubauten, die seit dem Erdbeben von 1966 das Gesicht Taschkents prägen.

Abb. links: »Blühe und gedeihe, altes und ewig junges Buchara«, verkündet diese Plakatwand in usbekischer Sprache, die seit der russischen Herrschaft in Mittelasien in kyrillischen Buchstaben geschrieben wird.

Abb. oben: In dieser »aktiven« Moschee Samarkands treffen sich die Gläubigen zum Gebet. Fremde finden selten hierher; das religiöse Leben der Mohammedaner vollzieht sich in Mittelasien nach 70 Jahren Unterdrückung noch immer weitgehend im Verborgenen.

Abb. rechts: Musikanten in einer Tschai-Chane in Buchara. In der Musik Mittelasiens haben sich viele verschiedene Elemente gemischt, die Musik der Steppenvölker Zentralasiens ist ebenso in sie eingegangen wie die Musik des Nahen Ostens.

zehn erhält warmes Wasser. Die Kindersterblichkeitsrate ist die höchste der UdSSR, mehr als ein Drittel der usbekischen Rekruten werden als wehruntauglich zurückgestellt. Die Abhängigkeit der Landbevölkerung von der Baumwolle bedingt zudem einen niedrigen Lebensstandard — die Löhne für die schwere Arbeit auf den Feldern ist gering. Angeblich lebt knapp die Hälfte der Bevölkerung unter der Armutsgrenze. 1,5 Millionen Usbeken sollen arbeitslos sein. Da wegen des Ernteeinsatzes der Schulbetrieb regelmäßig für Wochen und Monate unterbrochen wird, besucht die Jugend Usbekistans nur halb so lange die Schule wie andere Sowjetbürger.

Auch aus der südlichen Nachbarrepublik Turkmenien wird Verarmung und Massenelend durch die extreme Baumwoll-Monokultur gemeldet. Dort hat die katastrophale Versorgungslage sogar schon dazu geführt, daß in ländlichen Regionen Frauen und Kinder verhungern. Ein usbekischer Volksdeputierter verglich die auf den Baumwollfeldern eingesetzten Arbeiter mit den einstigen Negersklaven in den Südstaaten der USA. Die Bevölkerungsexplosion in Mittelasien — auf dem Land sind Familien mit acht, zehn, zwölf Kindern die Regel — kommt als weiteres Problem hinzu.

Erschreckend sind auch die Folgen des intensiven Baumwollanbaus für die Umwelt. Da Baumwolle während der Wachstumsphase viel Wasser benötigt, wurden gewaltige Bewässerungssysteme angelegt. Das kostbare Naß, das die Wüste fruchtbar macht, stammt aus dem Amu Darja und dem Syr Darja, die beide in den Aralsee münden. Seit über dreißig Jahren wird dem abflußlosen Aralsee durch zum Teil mangelhafte Bewässerungs- und Stauseeprojekte, bei denen große Wassermengen verdampfen oder einfach im Sand versickern, der Wasserzufluß drastisch gedrosselt. Die Folge ist eine zunehmende Austrocknung und Versalzung des einstmals viertgrößten Binnensees der Erde — heute ist er nur mehr der sechstgrößte. In Mittelasien droht dadurch eine der schwersten Umweltkatastrophen des Jahrhunderts. 1960 besaß der Aralsee eine Wasserfläche von 68.000 Quadratkilometern und einen Pegelstand von 53 Metern. Heute ist die Wasserfläche auf 41.000 Quadratkilometer gesunken, der Pegelstand auf 40 Meter. Die einstige Hafenstadt Muinak liegt jetzt achtzig Kilometer vom Ufer entfernt, die Fischerboote verrotten in der Salzwüste. Doch sie werden ohnehin nicht mehr benötigt. Die einheimischen 24 Fischarten sind ausgestorben, Fauna und Flora in den Deltagebieten der Zuflüsse ausgetrocknet und versalzt. Jährlich trägt der Wind 43 Millionen Tonnen Salz vom ausgetrockneten Seegrund weg und schädigt die mit dem Wasser der Zuflüsse fruchtbar gemachten Gärten, Äcker und Baumwollfelder in der weiten Umgebung — der Teufelskreis schließt sich. Das weiße Gold hat den weißen Tod im Gefolge. Mehrere hundert Milliarden Rubel sollen laut der Parteizeitung Prawda nötig sein, um das ökologische Gleichgewicht des Aralsees wiederherzustellen. Woher diese immensen Summen bei der angespannten Wirtschaftslage der UdSSR kommen sollen, weiß niemand. Inzwischen wandte sich die sowjetische Führung hilfesuchend an die Vereinten Nationen, die im Frühjahr 1990 auf der Umweltschutzkonferenz in Kenia ein weitreichendes Programm zur »Rettung des Aralsees« beschloß. Niemand aber wagt die Prognose, wieviele Jahre es dauern wird und ob es überhaupt noch möglich ist, die ökologische Katastrophe aufzuhalten.

Längst aber beutet man andere Schätze aus. Erdöl, Kohle, Buntmetalle, Antimon, Molybdän, Edel- und Halbedelsteine, Gold, Uran und eines der größten Erdgasvorkommen der Welt liegen unter den endlosen Wüsten begraben und bescherten den mittelasiatischen Republiken die Ansiedlung industrieller Großbetriebe. Ganze Industriestädte wurden aus dem Wüstenboden gestampft. Die moderne Agrar- und Industriekultur hat die Lebensumstände der Menschen in Mittelasien drastisch verändert. Die meisten Nomaden wurden seßhaft und leben nun als Bauern oder Fabrikarbeiter, die bereits Seßhaften wurden in Kolchosen und Sowchosen organisiert. Das Lebensniveau der Landbevölkerung hat sich dadurch kaum gebessert. Denn wie überall in der UdSSR ist auch hier die Planwirtschaft am Ende. Gorbatschows »Glasnost« hat auch in den mittelasiatischen Republiken eine Reihe kleiner und großer Korruptionsskandale der örtlichen Funktionäre ans Licht gebracht. Die Affäre, die Juri Churbanov, den Schwiegersohn Breschnews, einen ehemals leitenden Funktionär in Taschkent, für zehn Jahre ins Gefängnis brachte, weil er als Mitglied der sogenannten »Baumwoll-Mafia« durch gefälschte Statistiken große Summen in die eigene Tasche fließen ließ, ist nur die bekannteste, die auch in westlichen Medien aufgegriffen wurde.

Auf den Basaren der Städte ist jedoch von Armut nichts zu spüren. Die Märkte Usbekistans lassen für jemanden, der genügend Rubel in der Tasche hat, keine Wünsche offen, bieten im Überfluß, woran es in den Hauptstädten des Nordens bitter mangelt. Ab und zu setzen sich schlaue Bauern mit ein paar

Kisten privat erzeugter Tomaten oder Aprikosen ins Flugzeug, unternehmen den über dreistündigen, aber sehr preisgünstigen Flug nach Moskau, um ihre Kostbarkeiten dort zu verkaufen, und streichen nach Abzug aller Spesen noch immer einen lohnenden Gewinn ein. Für viele Bewohner Mittelasiens sind die Verlockungen der Basare allerdings unerschwinglich. Sie müssen nicht selten mit umgerechnet 30 bis 40 Mark im Monat 12- oder 14köpfige Familien ernähren, während die Preise für Fleisch, Gemüse und Obst mitunter fast mitteleuropäisches Niveau erreichen.

Tausendundeine Nacht und harte Wirklichkeit

Samarkand und Buchara, Städte mit magischen Namen, Metropolen von Kunst und Wissenschaft, Schauplätze bewegter Geschichte, an denen unzählige Herrscher und Völker ihre Spuren hinterließen, und Chiwa, in der die romantische Atmosphäre von Tausendundeiner Nacht am besten bewahrt scheint, sind von der harten Wirklichkeit nicht verschont geblieben. 70 Jahre Kommunismus und Planwirtschaft, eine von Moskau dirigierte Gleichschaltung der Kulturen, soziale, ethnische, wirtschaftliche und ökologische Probleme haben die Städte, in denen noch vor nicht allzulanger Zeit despotische Emire mit menschenverachtender Grausamkeit herrschten, Sklavenmärkte abgehalten wurden, öffentliche Hinrichtungen stattfanden und das bunte orientalische Leben auf den Plätzen vor den Moscheen und Zitadellen wimmelte, entzaubert. Die Wirklichkeit des Zwanzigsten Jahrhunderts hat auch in Samarkand und Buchara Einzug gehalten — stinkender Autoverkehr, gesichts- und stillose Einheitsbauten, Spruchbänder mit Parteiparolen, Lenindenkmäler, Plakatwände mit pathetischen Gemälden im Stile des sozialistischen Realismus, Fabriken und Verwaltungszentralen.

Und doch findet der Reisende genug in diesen Städten, das ihn zurückversetzt in die Zeit, als auf der Seidenstraße noch nicht Lastwagen rollten, sondern Kamelkarawanen zogen. In den Stadtkernen von Samarkand und Buchara, und in Chiwa, dessen gesamte Altstadt nahezu unberührt geblieben ist, scheint die Zeit stehengeblieben. Die eng aneinandergedrängten niedrigen Wohngebäude aus Stampflehm, die, nach außen zum Schutz gegen Witterung und Feinde fensterlos, geräumige Innenhöfe umschließen, lassen den traditionellen Lebensstil der mittelasiatischen Stadtbevölkerung nachvollziehen — trotz Fernsehantenne auf dem Flachdach und motorisierten Fahrzeugen in der Nähe des Eingangs. Wer durch die engen ungepflasterten Gassen spaziert, die von Rinnsalen von Abwässern ausgewaschen sind, fühlt sich zuerst ausgeschlossen und zurückgewiesen von den kahlen, fensterlosen Lehmwänden. Doch steht eine der hölzernen Türen offen, tun sich interessante Einblicke in das Innenleben dieser Häuser auf. In den oft zu blühenden Gärten und Lauben ausgestalteten Wohnhöfen spielt sich das Leben der Familien ab,

In den alten Kernen der Städte Mittelasiens läßt sich das traditionelle Leben der orientalischen Bevölkerung nachvollziehen. Die fensterlosen flachen Häuser aus Stampflehm wirken zu den engen Gassen hin abweisend, öffnen sich nach innen aber zu einem schattigen Wohnhof, in dem sich das Leben der Familien abspielt. Diese Bauweise ist optimal an die klimatischen Verhältnisse Mittelasiens angepaßt. Aus Lehm bestehen auch die Backöfen (Abb. links), in denen das schmackhafte Fladenbrot zubereitet wird. Fremden erscheint das Leben in den Altstädten oft wie eine romantische Idylle, den modernen Städteplanern sind diese Reste altorientalischen Lebensstils aber ein Dorn im Auge.

dort wird gebacken, gewaschen, gegessen, gefeiert, dort spielen die Kinder und sitzen die Alten auf ihren mit bunten Polstern belegten Sitzgestellen. Zwar sind diese Orte traditionellen orientalischen Lebens den modernen Städteplanern ein Dorn im Auge, doch die Menschen weigern sich, in neue Hochhäuser umzuziehen, wo sie ihre gewohnten Lebensverhältnisse aufgeben müßten.

Nirgendwo aber ist die Atmosphäre des alten Orient noch so lebendig wie auf den Basaren, auf denen sich Menschen aus allen Völkern und Stämmen drängen, die in Mittelasien Geschichte geschrieben haben. Eine Fülle von Eindrücken erschließt sich dem Betrachter, der seine Wege etwas abseits der geführten Touristenrouten sucht. Junge Mütter, das lange Haar in dreißig, vierzig schmale, lackschwarze Zöpfe gebunden, tragen stolz ihre Babies auf dem Arm. Alte Männer in Kaftan und Turban halten ein Schwätzchen bei einem Straßenhändler, der Schnupftabak in Zeitungsblätter rollt oder der Kwaß, ein vergorenes Brotgetränk, aus kleinen Tankwagen in Gläser füllt. Usbekinnen in ihren bunt geflammten Seidenkitteln und engen Beinkleidern tragen fröhlich plaudernd frisch gebackene »Non«, die traditionellen Fladenbrote, nach Hause. Bauern hocken gelassen vor gigantischen Melonenbergen, offensichtlich unbesorgt über den rechtzeitigen Absatz ihrer süßen, duftenden Schätze, um die man sich in den leergefegten Geschäften Moskaus reißen würde. Kebab brät über glühender Holzkohle und in riesigen runden Pfannen schwimmt das Nationalgericht Plow — gewürzter Reis mit Hammelfleisch — in seinem Fett. Weißbärtige Veteranen mit hohen Schafpelzmützen tragen stolz ihre Orden und Ehrenzeichen aus dem Großen Vaterländischen Krieg zur Schau, in dem auch die mittelasiatischen Völker ihre Heimat gegen die deutschen Invasoren verteidigt haben. Bettler strecken die Hände aus, Handwerker machen sich nützlich, Bauern schaffen ihre Waren auf Eselkarren heran. Usbeken mit ihren silberbestickten Käppchen sitzen Nachmittage lang auf den Sitzbetten der Tschai-Chane, der Teestuben, plaudern, spielen Domino oder Backgammon, schlürfen ihren hellen grünen Tee und lassen das hektische Leben

Melonenmarkt in Chiwa.

Nirgendwo entfaltet sich die Lebendigkeit und Farbenpracht des Orients so augenfällig wie auf den Basaren der Städte.

der modernen Zeit gelassen an sich vorüberziehen. In den Städten existieren Alt und Neu, Geschichte und Gegenwart, dicht nebeneinander, ragen Hochhäuser hinter den Ruinen verfallener Moscheen auf, münden verwinkelte Altstadtgassen in verkehrsreiche Boulevards, kaufen alte Muslime in Landestracht neben blonden Minirock-Mädchen und milchbärtigen russischen Soldaten auf dem Basar ein, betteln lärmende Kinderscharen Fremde um Kaugummi und Kugelschreiber an. Auf dem Land hingegen, wo etwa 80 Prozent der usbekischen Bevölkerung leben, hat der Fortschritt seinen raschen Gang verlangsamt. In den Dörfern an den Straßen bestimmen die traditionellen Lehmhäuser die Szene, die in der Hitze des Mittags wie ausgestorben wirkt — hie und da ein Alter auf einem Esel, eine halb verschleierte Frau im Schatten eines Hauseinganges, ein paar Kinder am Rand eines schlammigen Bewässerungskanals. Und gleich dahinter wieder die Steppe mit ihrem unendlich weiten, wolkenlos blauen Himmel, das karge unermeßliche Land, auf dem Ziegenherden nach Futter suchen, wie verloren vor den gerundeten, kahlen Hügeln und Bergen am violetten Horizont.

Den Besucher Mittelasiens ziehen aber vor allem die Kunstdenkmäler an, seien es die mit großem Aufwand renovierten berühmten Bauten oder die zahllosen kostbaren, aber halb zerfallenen Mausoleen und Moscheen. Es verwundert nicht, daß Samarkand, Chiwa und Buchara zu den touristischen Hauptattraktionen der UdSSR zählen, die auch in Gesamt-Sowjetunion-Rundreisen eingeschlossen werden und in den Katalogen vieler Reiseveranstalter unter dem Stichwort »Seidenstraße« zu finden sind. Bis vor kurzem vermochte die mangelnde touristische Infrastruktur die Nachfrage von Reisenden aus aller Welt kaum zu befriedigen. Immer wieder kam es zu Engpässen — Reisen wurden abgesagt, Routen geändert, Hotels waren überbucht. Die Unruhen in Mittelasien haben den Tourismus neuerdings aber zurückgehen lassen. Trotzdem dürfen Reisende nur wenige Tage an einem Ort verweilen und noch immer ist Individualtourismus nur unter erschwerten Bedingungen zu krass überzogenen Preisen möglich. Wer das Preis-Leistungsverhältnis an den im Westen üblichen Kriterien für Hotels, Verpflegung und Service mißt, wird sicherlich enttäuscht sein. Die Kunstschätze des sowjetischen Orients aber entschädigen reichlich für vermißten Komfort, schlechtes Essen, träge Organisation und überteuerte Preise.

Eine Reise entlang der alten Seidenstraße nach Samarkand, Chiwa und Buchara, auch wenn sie mit Flugzeug und Bus stattfindet, auch wenn sie am oft unerquicklichen Hier und Jetzt nicht vorbeikommt, ist vor allem eine Reise in die Vergangenheit, eine Reise in ein Stück Kulturgeschichte, das auf dieser Welt kaum ihresgleichen hat. Zwar blicken auch andere Orte Mittelasiens auf eine reiche Geschichte und Kultur zurück, Merv beispielsweise, die Hauptstadt des Seldschukenreiches im 11. und 12. Jahrhundert und damals neben Bagdad die größte islamische Stadt der Welt, oder Kunja-Urgentsch, prunkvolle Hauptstadt des Chanats Choresmien, bis es nach seiner Zerstörung von Chiwa abgelöst wurde, doch hat die wechselvolle, an Vernichtung und Grausamkeit so reiche Geschichte des sowjetischen Orients von der einstigen Pracht nur Ruinenfelder und einige wenige Reste übriggelassen und viele Städte in Bedeutungslosigkeit zurücksinken lassen. Auch Samarkand, Chiwa und Buchara sind immer wieder erobert und verwüstet worden, doch haben sich in diesen drei Städten so viele herausragende Zeugnisse der Vergangenheit erhalten, daß sie als exemplarisch für Kunst und Kultur Mittelasiens stehen können. Ihnen gilt das Hauptinteresse der Reisenden in »Transoxanien«, dem Land zwischen Amu Darja und Syr Darja, und in ihnen läßt sich das Gestern und Heute des sowjetischen Orients in ganzer Fülle erleben.

Von der Steinzeit zur Revolution

Die bewegte Geschichte Mittelasiens

Die weiten Gebirge, Wüsten und Steppen Mittelasiens mit ihren Tälern, Flußläufen und Oasen waren wie kaum eine andere Region der Erde Schauplatz einer wechselvollen Geschichte, die in raschem Wandel Völker aus Ost und West aufeinanderprallen ließ, das Erblühen und den Zerfall vieler Hochkulturen erlebte und Weltreiche prägte. Wer das bunte Gemisch der Stämme und Völker und die vielfältigen Zeugen der Vergangenheit im heutigen Mittelasien verstehen will, muß tief in die Zeit zurückblicken und das Mosaik ihrer bewegten Geschichte mit seinen zum Teil komplizierten Verknüpfungen und Verästelungen zu ordnen versuchen. Der Blick in die Vergangenheit Mittelasiens ist ein Blick in einen gewaltigen Schmelztiegel der Menschheitsgeschichte. Selbst wenn die jahrtausendelange Zeitspur auf ihre wesentlichen Grundlinien reduziert und die Fülle der Details ausgespart wird, sieht man sich einer verwirrenden Vielfalt von Stämmen, Völkern, Religionen, kulturellen Einflußbereichen und Ereignissen gegenüber. Trotzdem, oder gerade deswegen ist die Geschichte Mittelasiens von schillernder Faszination und scheint Teil der Aura des Geheimnisvollen, die diese »Tür zweier Welten« im Herzen Eurasiens bis heute umgibt.

Abb. Persische Buchmalerei zu dem Epos »Schahname« des mittelasiatischen Dichters Firdausi. Das »Schahname« ist das am meisten illustrierte Buch der islamischen Welt. (5)

Eines der ältesten Kulturländer der Welt

Mittelasien ist längst nicht vollständig archäologisch erkundet. Bis in unser Jahrhundert nahezu unzugänglich für westliche Besucher und Forscher begannen systematische Ausgrabungen erst in der sowjetischen Ära. Seither aber erregen neue Funde immer wieder die Aufmerksamkeit der Wissenschaftler, und niemand weiß, wieviele unentdeckte Schätze noch unter den Wüsten und Steppen oder den Ruinenfeldern und Ansiedlungen späterer Kulturen ruhen. Vereinzelte Funde deuten darauf hin, daß Jäger und Sammler schon vor fast einer Million Jahren das Land durchstreiften. Mittelasien zählt somit zu den Wiegen menschlicher Kultur.

Die wohl berühmteste Entdeckung aus dem Paläolithikum, der Altsteinzeit, wurde 1938 in der Höhle von Teschik-Tasch, südwestlich der tadschikischen Hauptstadt Duschanbe gemacht. Neben Steinwerkzeugen und Tierknochen, umgeben von Bergziegenhörnern, wurde das Skelett eines acht- bis neunjährigen Neandertalers gefunden — eine der ältesten Grabstätten der Welt. Die sorgfältige Bestattung des Knaben weist darauf hin, daß schon die Urmenschen dieser Zeit zwischen 30.000 und 50.000 v. Chr. ihren Gedanken über ein Leben nach dem Tod in Begräbnisritualen Ausdruck verliehen haben. In unmittelbarer Nähe von Samarkand, sowie an anderen Orten Mittelasiens wurden weitere Siedlungsstätten aus der Altsteinzeit entdeckt, die teilweise älter sind als das Grab des jungen Neandertalers. Auch hunderte von Felszeichnungen zeugen von der frühen Besiedlung Mittelasiens.

Einen ersten entscheidenden Einschnitt in der frühen Geschichte stellt der Übergang zu Ackerbau und Viehzucht dar. Diese Wirtschaftsweise breitete sich von Vorderasien her aus und begann in Mittelasien wahrscheinlich im 6. Jahrtausend vor unserer Zeitrechnung. In vielen Regionen entstanden Bauerndörfer, lockere Siedlungen aus 35 bis 40 kleinen Häusern. In vom Klima begünstigten Gegenden, vor allem in Südturkmenien, wurden Nutztiere gehalten und Getreide angebaut. Schon damals bewässerte man die Felder künstlich — kleine Wälle aus Tonerde stauten das von den Bergen herabfließende kostbare Naß. Die Häuser der frühen Siedler waren aus luftgetrockneten Lehmblöcken gebaut, ähnlich den Ziegeln, die über Jahrtausende das wichtigste Baumaterial Mittelasiens darstellten.
Um die Mitte des 5. Jahrtausends v. Chr. wurde die Kupfertechnik aus dem vorderasiatischen Raum übernommen. Reich bemalte Keramik und Buntkeramik weist zudem auf Verbindungen mit dem westlichen Iran und Mesopotamien hin. Die prähistorische Ackerbaukultur breitete sich gleichzeitig weiter nach Osten aus und brachte eine Vielfalt von örtlichen Sonderformen und ethnischen Gruppen hervor. Aus dem Südwesten einwandernde Bauernvölker begründeten im Tiefland am Aralsee, dem späteren Choresmien, eine einfache Jagd- und Landwirtschaftskultur. Wahrscheinlich hat es auch zwischen den verschiedenen Ansiedlungen Austausch von Wissen und Waren gegeben. Trotzdem entstanden die Kulturen in Mittelasien nicht zeitgleich und wichen in ihrem Charakter oft deutlich voneinander ab.

Schließlich entstanden zwischen dem 5. und 3. Jahrtausend v. Chr. die ersten Städte, die mit benachbarten Kulturen Handel trieben. Namasga-Tepe, Altyn-Tepe und Kara-Tepe sind neben vielen anderen wichtige Ausgrabungsstätten im mittelasiatischen Raum, die reiches Zeugnis über diese Entwicklungsperiode ablegen. »Tepe« bedeutet Hügel, und in der Tat sind die Stätten der frühen Geschichte im Lauf der Jahrtausende zu Hügeln in der Steppe geworden. In Namasga-Tepe, einer Ansiedlung von immerhin 70 Hektar Ausdehnung, wurden Zeugnisse aus sechs verschiedenen Kulturperioden ausgegraben. Die Funde zeugen von einer bereits hoch entwickelten Kultur — Buntkeramik mit vielfältigen Mustern und Ornamenten, Kupferwerkzeuge, Figuren von Frauen und Tieren. Die Bevölkerung von Altyn-Tepe war schon in unterschiedliche soziale Schichten unterteilt, die in verschiedenen Stadtvierteln lebten. Die Töpfer brannten ihre Tonwaren in zweistöckigen Öfen »in Serie«, in Gießereien und Schmieden wurden Waffen und Schmuck angefertigt. Ein Tempel, wahrscheinlich der Mondgöttin geweiht, und Figuren der Erdmutter-Gottheit weisen auf den Einfluß benachbarter Kulturen hin. Der Grund, warum diese wohlhabenden Ansiedlungen im zweiten vorchristlichen Jahrtausend zerfielen, liegt im Dunkeln. Innere soziale und wirtschaftliche Schwierigkeiten oder Klimaschwankungen, die den Ackerbauvölkern den Anbau erschwerten und eine frühe Völkerwanderung in Bewegung setzten, könnten die Gründe dafür gewesen sein. Wandernde Stämme vernichteten viele Dörfer und Städte, die nie wieder aufgebaut wurden. Blühende Orte, wie Namasga-Tepe und Altyn-Tepe, wurden

Seit der Antike war Mittelasien ein Schmelztiegel von Kulturen aus Ost und West. Die Schwertscheide aus Elfenbein (Abb. rechts) ist ein kostbares Beispiel der achämenidischen Kunst Mittelasiens. Sie wird auf das Ende des 6. bis Anfang des 5. Jahrhunderts v. Chr. datiert und stammt aus dem Oxustempel in Süd-Tadschikistan. (1)

Das nur 3,8 mal 2,8 cm große, aus Elfenbein geschnitzte Porträt Alexanders des Großen (Abb. links) ist einer der wichtigsten Funde aus dem Oxustempel und zeigt den hellenistischen Einfluß in der gräko-baktrischen Zeit Mittelasiens. Das aus dem 3. vorchristlichen Jahrhundert stammende Fundstück stellt Alexander als Herakles dar. (1)

Die verschiedenen Kulturen und Herrscher Mittelasiens kamen und gingen, die traditionelle Lebensart der Nomaden, der eigentlichen »Herren der Steppe« aber hat sich seit Jahrtausenden kaum verändert. Die meisten Nomaden Mittelasiens wurden nach der Revolution jedoch seßhaft oder ziehen nur noch saisonal mit ihren Tieren durch die Steppe, wie diese Nomaden in Kasachstan (Abb. unten).

von diesen Umwälzungen urplötzlich ausgelöscht. Danach herrschte die sogenannte Andronowo-Kultur vor, die in den nördlichen Regionen entstand, sich im Laufe des 2. Jahrtausends v. Chr. immer weiter nach Süden verlagerte und bis ins 6. vorchristliche Jahrhundert bestand. Die Andronowo-Menschen, vorwiegend Bauern und Hirten, waren Meister der Bronzebearbeitung und vermischten sich zum Teil mit der ansässigen Bevölkerung der Oasen und verbliebenen Städte. Neue Siedlungen und Reiche entstanden, so ein choresmisches Reich und, jenseits des Syr Darja, das Reich der Saken.

Die Nomaden — die Herren der Steppe

Bevor Mittelasien ins Zeitalter der geschriebenen Geschichte eintrat, was etwa Mitte des 1. Jahrtausends v. Chr. geschah, bildeten sich die für Zentralasien typischen Nomadenkulturen heraus. Während die an den Bergrandzonen lebenden Völker Ackerbau betrieben, wurden die in den Steppen wandernden Stämme viehzüchtende Pferdenomaden. So paßten sie sich optimal an die Lebensräume der Steppe an, folgten mit ihren Herden den jahreszeitlich verschiedenen Weidemöglichkeiten und entwickelten eine mobile Lebensform, die sich bis heute erhalten und nur geringfügig verändert hat. Ein wesentlicher Schritt in der Entwicklung der Völker nicht nur Mittelasiens war die Domestikation des Pferdes, die im Laufe des 5. und 4. vorchristlichen Jahrtausends in den mittelasiatischen Steppen stattgefunden haben muß. Das Pferd als Reittier machte die rasche Überwindung großer Räume möglich und sorgte für Mobilität und Durchschlagskraft bei Kriegszügen.

Immer wieder waren es die zentralasiatischen nomadisierenden Reiterstämme, die in das Geschick Mittelasiens eingriffen, Kulturen und Reiche zerstörten und tief bis nach Mitteleuropa und Vorderasien eindrangen. Alle diese »bogenspannenden« Menschen teilten die gleiche Kultur und Lebensauffassung, schlossen sich zu Familien zusammen, die eine Jurte — das typische, zerlegbare und leicht transportable Wohnzelt — teilten, die Familien wiederum zu Auls, Lagern aus drei bis fünf Jurten, diese zu Stämmen und die Stämme zu Horden. Wieder und wieder versuchten die Reitervölker, von mächtigen Herrschern geeint, Weltreiche zu errichten, um die Völker an den »vier Ecken der Welt«, den »vier Himmelsgegenden«, zu unterwerfen und zu befrieden, wie es ihrem Weltbild entsprach, in dessen Zentrum der grenzenlose Himmel über der Steppe stand und der Polarstern als Achse der Welt. Ihren Führern war die »Qut«, die Lebenskraft, das vom Himmel verliehene Heil, zuteil geworden, was ihnen die göttliche Rechtfertigung, ja sogar die Pflicht gab, die Völker der Steppe zu sammeln, um die Welt zu erobern. Am stärksten betroffen von den Kriegszügen und Wanderwellen der Steppenvölker waren Mittelasien, Rußland und China, doch auch in Europa haben Völker wie Hunnen, Awaren, Bulgaren, Chasaren, Magyaren und Mongolen blutige Geschichte geschrieben. Ihre Wanderungswellen wurden aber nicht nur von Herrschaftsgelüsten angeregt, sondern auch von Klimaveränderungen und den Bewegungen anderer Völker, die in ihre angestammten Gebiete einfielen.

Die geschriebene Geschichte beginnt

In chinesischen, persischen und griechischen Quellen finden sich die ersten schriftlichen Hinweise auf die Völker und Regionen Mittelasiens. Sie erzählen von Baktriern, Sogdiern und Choresmiern, die schon damals seßhaft waren, und von Skythen, Saken, Massageten und Issedonen, räuberischen Reiterstämmen, die den Städten, Dörfern und Oasen das Leben schwer machten. Sie trieben mit den Seßhaften nicht nur Handel, tauschten Tiere und Tierprodukte gegen Getreide, Metallwaren und Gebrauchsgegenstände, sondern überfielen die wohlhabenden Ansiedlungen immer wieder. Die skythischen Stämme der Massageten und Saken erlangten im mittelasiatischen Raum die größte Bedeutung. Die Namen einiger dieser Völker deuten auf die wichtigsten Siedlungsräume Mittelasiens hin: *Choresmien* am Unterlauf des Amu Darja, dessen Hauptstadt ab dem 16. Jahrhundert Chiwa war, *Sogdien*, der Bereich im Serafschantal mit seinen Oasenstädten Samarkand und Buchara, und südlich davon, am Oberlauf des Amu Darja, *Baktrien*, das die heutigen Republiken Usbekistan, Tadschikistan und Turkmenien berührt und bis nach Afghanistan reicht. Dazu kommen *Ferghana* am Oberlauf des Syr Darja und *Chorasan*, das Gebiet zwischen dem Hochland des Iran bis zum Westufer des Amu Darja, das heute zur Sowjetrepublik Turkmenien und zum östlichen Iran gehört. Chorasan war das Grenzland zwischen den Gebieten der kultivierten indogermanischen Völker Persiens — »Iran« — von Ariyanam = Land der Arier — und »Turan«, dem Land der »barbarischen« Steppenstämme.

In diese Gebiete drangen Mitte des 6. Jahrhunderts v. Chr. die Achämeniden ein. Diese Dynastie mit ihrer hoch entwickelten Kultur errichtete unter König Kyros II. (559 — 530 v. Chr.) das Weltreich der Perser. Nachdem Kyros die Meder, seine einstigen Lehnsherren, gestürzt hatte, unterwarf er die griechischen Städte Kleinasiens, Phönikien, Palästina und das neubabylonische Reich, bevor er sich, gelockt von den sagenhaften Goldschätzen der Skythen, nach Osten, nach Mittelasien wandte. Dort traf er auf erbitterten Widerstand und fiel in der Schlacht gegen die Massageten. Erst seinem Nachfolger Dareios I. (521 — 485 v. Chr.) gelang es, Mittelasien dem persischen Weltreich einzugliedern. Noch heute findet man in manchen Geschichtsbüchern die Bezeichnung »Ost-Iran« für die Regionen Mittelasiens, die nach der Eroberung in persische Verwaltungsbereiche, sogenannte Satrapien, aufgeteilt und den Achämeniden tributpflichtig wurden. Der griechische Geschichtsschreiber Herodot berichtet von 360 Talenten (mehr als 10.000 Kilo Silber) im Jahr, die, aufgewogen auch in Gold, Türkis oder Lapislazuli, von Baktrien nach Persepolis und Susa im Kernland der neuen Herrscher geliefert wurden.

Doch nicht nur weltliche Güter kamen aus Mittelasien. Der Religionsstifter Zoroaster, um 630 v. Chr. vermutlich in Baktrien geboren, war nach Jahren fast vergeblicher Predigt in seiner Heimat, angefeindet von der lokalen Priesterschaft, in den Iran gewandert, wo später die nach ihm benannte Religion der Feueranbeter, der Zoroastrismus, Staatsreligion der Achämeniden wurde und auch in Mittelasien bis zum Zeitalter des Islam das Leben entscheidend mitbestimmte. Persischer Einfluß prägte für etwa 200 Jahre Mittelasien. Das Großreich der Achämeniden faßte erstmals mehrere Völker, die bereits auf hochstehende Kulturen zurückblicken konnten, zu einer politischen und administrativen Einheit zusammen. Doch die Völker Mittelasiens erhoben sich immer wieder gegen die fremden Herren — die Nachfolger des Dareios mußten mehrere Aufstände niederschlagen. Marakanda, das heutige Samarkand, war zur Zeit der Achämeniden Hauptstadt der Satrapie Sogdiana.

»Der König des Alls« erobert Mittelasien

Als Alexander der Große das Weltreich der Perser überrannte und 330 v. Chr. die prächtige Hauptstadt Persepolis niederbrennen ließ, sahen die Fürsten Mittelasiens ihre Stunde gekommen, die Unabhängigkeit wiederzuerlangen. Doch Alexanders Siegeszug führte auch in die östlichen Satrapien des Perserreiches, nach Transoxanien, wie die Griechen das Land zwischen Oxus (Amu Darja) und Jaxartes (Syr Darja) nannten. Von Südosten über den Hindukusch kommend, drang er in Mittelasien ein, wo auch er auf erbitterten Widerstand traf. In mühseligem Kampf eroberte er die sogdischen Bergfestungen und führte dann einen Angriff über den Jaxartes gegen die skythischen Steppenvölker. Hinter seinem Rücken brachen sofort Aufstände in Sogdien und Baktrien aus. Erst nach drei Jahren harter Kämpfe vermochte der »König Asiens« seinen Herrschaftsanspruch durchzusetzen und zu festigen. In Mittelasien begann Alexander mit der Versöhnungspolitik, die seinem riesigen Reich Frieden bringen und die Stämme und Völker der eroberten Gebiete zu einer Völkerfamilie zusammenschließen sollte. Als er 329 als Sieger in Marakanda einzog, heiratete er Roxane, die Tochter des von ihm besiegten sogdischen Fürsten Oxyartes, die ihn fortan als seine rechtmäßige Gemahlin begleitete.

Zurückgekehrt nach Susa in Persien, ehelichte er zudem eine Achämenidenprinzessin und ließ über 10.000 Makedonier mit Iranerinnen verheiraten, um die Verschmelzung der westlichen und östlichen Völker seines Reiches durchzusetzen, bevor er seinen Eroberungszug fortsetzte, der nun nach Indien führte. Alexander hinterließ Städte für seine Garnisonen, befestigte Ansiedlungen und Bollwerke, doch schon wenige Jahre später, als »der absolute König des Alls« 323 nach nur 13-jähriger Regierungszeit im Alter von 32 Jahren starb, ohne einen regierungsfähigen Nachfolger zu hinterlassen, zerfiel der Traum von einem Weltreich hellenistischer Kultur.

Bei den unmittelbar nach seinem Tod einsetzenden Kämpfen der Diadochen, der Verwalter des Alexanderreiches, gewann Seleukos, einer von Alexanders Generälen, die Provinzen in Mittelasien und im Iran für sich. Er schuf das Reich der Seleukiden, das aber schon siebzig Jahre später von den Parthern, einem den Skythen verwandten Volk, ausgelöscht wurde. Nur Baktrien blieb für mehr als hundert Jahre unabhängig und bewahrte die hellenistische Kultur. Dieses gräko-baktrische Reich, das »Reich der tausend Städte«, umfaßte das gesamte Sogdien mit seiner Hauptstadt Afrasiab (Samarkand) bis zum heutigen Taschkent, das südliche Usbekistan und Tadschikistan und reichte bis nach Nordindien und an den Golf von Oman. Baktra, die Hauptstadt, lag in der Nähe des heutigen Balch in Afghanistan. Eine Fülle von interessanten archäologischen Funden bezeugt diese blühende Periode des Hellenismus in Mittelasien — so die kreisrunde, zweistöckige Grabburg Koj Krylgan Kala und die Stadt Dschanbas Kala in Choresmien, hellenistische Skulpturen aus Afrasiab und Schätze des »Oxustempels« in Tadschikistan.

Um die Mitte des zweiten vorchristlichen Jahrhunderts zerfiel das blühende gräko-baktrische Reich, das trotz seines Glanzes und seiner militärischen Erfolge labil und von Zwistigkeiten zerrissen war, unter dem Ansturm von Nomadenstämmen aus dem Nordosten.

Von vielen blühenden Städten und Festungen Mittelasiens sind nur Ruinen geblieben, die sich wie Hügel in der Landschaft erheben, wie diese Festung in Choresmien, die heute verlassen in der Wüste Kara Kum zwischen Chiwa und Kunja Urgentsch liegt (Abb. unten).

Von der Pracht des vorislamischen Mittelasien zeugen aber eine Reihe wertvoller Funde. Die aus massivem Gold gearbeitete Gürtelschnalle aus der Kuschanzeit (Abb. links oben) wurde nahe der afghanischen Grenze gefunden. Das aus dem 1.-2. Jahrhundert n.Chr. stammende Schmuckstück führt die Männertracht dieser Epoche vor Augen: Der Reiter trägt weite Pluderhosen unter einem eng gegürteten Mantel. (1)

Unter den Kuschan war der Buddhismus in Mittelasien weit verbreitet. In der Kalkstein-Plastik des Buddha mit Mönchen aus Fajas Tepe, einem buddhistischen Kloster im alten Termes in Süd-Usbekistan, mischen sich Elemente indischer Kunst mit hellenistischen aus der gräko-baktrischen Epoche. (Abb. rechts oben) (2)

Das Reich der Kuschan

In dieser Zeit erneuter Wirren und Wanderungen von Volksstämmen trat ein Volk ins Licht der Geschichte Mittelasiens, dessen ethnische Zugehörigkeit bis heute nicht eindeutig geklärt ist — die Kuschan oder Kuschanas, deren Reich neben dem der Römer, der Parther und der chinesischen Han-Dynastie zu den größten der damaligen Welt zählte. Ausgelöst wurde die erneute Bewegung nomadischer Völker durch die Gründung des ersten Steppenreiches der Hiung-Nu an der mongolisch-chinesischen Grenze und die Feldzüge seines Führers Mao-dun (206-165 v. Chr.). Die Hiung-Nu, die von manchen Forschern mit den Hunnen gleichgesetzt werden, besiegten verschiedene Stämme und drängten sie nach Westen. Darunter war auch das von den Chinesen als Yüäh-dschi bezeichnete Volk, das seinerseits auf seinem Rückzug nach Westen die Saken besiegte und über die Pässe des Tienschan-Gebirges nach Ferghana zog. Dort zerschlug es, wahrscheinlich mit Hilfe der ansässigen Bevölkerung, die zerfallende Herrschaft der Griechen. In Mittelasien, wo sie auf dicht besiedeltes Gebiet mit Ackerbau und vielen Städten und Burgen trafen, wurden die Yüäh-dschi seßhaft und teilten das Land unter ihre Sippenfürsten auf.

Die Sippe der Kuei-schang erhob sich nach ungefähr hundert Jahren — etwa um Beginn der christlichen Zeitrechnung — über die anderen Fürsten und begründete in den Oasen des Serafschan das Reich der Kuschan, das Mittelasien eine neue Hochblüte von Kultur und Handel bescherte. Die Kuschan-Könige förderten die regen Handelsbeziehungen, die schon in griechischer Zeit zwischen Europa und dem Fernen Osten bestanden hatten. Haupthandelsstraße war die »Große Seidenstraße«, auf der viele Jahrhunderte lang Waren, Wissen und Kulturgüter aus Ost und West über die Drehscheibe Mittelasien ausgetauscht wurden. Auf der Seidenstraße wanderten auch Missionare — von Nordindien erreichte der Buddhismus Mittelasien. Der legendäre Kuschan-König Kanischka, der vermutlich gegen Ende des ersten nachchristlichen Jahrhunderts das Kuschanreich zu seinem Höhepunkt führte, ließ dem Buddhismus besonderen Schutz zukommen. Unter Kanischka umfaßte das Reich der Kuschan neben großen Teilen Mittelasiens das heutige Afghanistan und Nordindien bis an die Grenze von Bengalen. Die Ruinen buddhistischer Tempel und Klöster in Termes und Merv, sowie die Funde buddhistischer Manuskripte, zum Teil in verschiedenen zentralasiatischen Sprachen, deuten darauf hin, daß die Religion des Buddha wesentlichen Einfluß in Mittelasien ausübte. In der sogenannten Gandhara-Kunst vermischten sich hellenistische Formen mit buddhistischer Religiosität. Trotzdem konnte sich die Staatsreligion der Kuschan bei der mittelasiatischen Bevölkerung nicht auf Dauer durchsetzen, die nach wie vor ihren alten Volksreligionen, sowie dem Zoroastrismus und später auch dem Manichäismus, einer weiteren, aus Persien stammenden Religion, huldigte.

Auch das Christentum in der Form der nestorianischen Kirche, die sich bis nach China verbreitete, fand Anhänger in Mittelasien. Die religiöse Toleranz des Buddhismus machte dieses friedliche Nebeneinander der Glaubensbekenntnisse möglich und bot sogar den Anhängern von Religionen und Sekten, die im Reich der Parther oder im Römischen Reich verfolgt wurden, eine sichere Zufluchtsstätte. Eine Reihe von archäologischen Fundorten in Mittelasien bezeugt die hohe Kultur der Kuschan, etwa Chaltschajan in Südusbekistan und Toprak-Kala in Choresmien.

Erneut war es eine Wanderwelle kriegerischer Nomadenstämme turko-mongolischen Ursprungs, die den Zerfall des Kuschan-Reiches einleitete. Zugleich erhob sich in der Stadt Ktesiphon am Euphrat der Feudalherr Ardaschir zum »König der Könige von Iran« und begründete die Dynastie der Sassaniden, die ein neues Weltreich errichten sollte. Er hatte die Macht über das von inneren Streitereien geschwächte Partherreich an sich gerissen und machte auch einen Großteil der Kuschangebiete wieder zu persischen Provinzen. Unter den ständigen Angriffen der Sassaniden, die sich für die wahren Erben der Achämeniden hielten, brach das Kuschanreich im 4. Jahrhundert schließlich zusammen. Der Zoroastrismus mit seinem Kult des Feuers wurde erneut Staatsreligion und die streng durchorganisierte Gesellschaftsstruktur mit ihren vier Ständen (Priester, Krieger, Beamte, Bauern/Handwerker) unter einem mit uneingeschränkter Vollmacht regierendem König bestimmte das Leben im Sassanidenreich.

Die hoch entwickelte Kunst und Architektur setzte über die Grenzen des Reiches hinaus Maßstäbe und zeigte bereits Formen, die später in der islamischen Baukunst eine wesentliche Rolle spielen sollten. Dem starken Expansionsdrang der sassanidischen Herrscher wurden allerdings im Westen vom byzantinischen Ostrom und im Nordosten von dem turkomongolischen Volk der Hephtaliten Grenzen gesetzt. Trotz ständiger Grenzkriege vermochten die Sassaniden über 400 Jahre über ihr riesiges Reich zu herrschen, das von Oxus, Indus, Euphrat und Indischem Ozean begrenzt wurde.

Im mittelasiatischen Raum aber war die Vorherrschaft der Sassaniden nicht von solch langer Dauer. Die Hephtaliten, die Weißen Hunnen, drangen von Nordosten nach Mittelasien vor, schlugen die Sassaniden und errichteten ein Imperium, das in seinem Umfang fast an das Kuschanreich heranreichte und sich bis weit über Indien ausdehnte. Ihre Hauptstadt Pajkent lag in der Nähe des heutigen Buchara. Ausgrabungen dort und an anderen Orten zeigten, daß unter dem Einfluß der Hephtaliten die Tradition der Kuschankunst wieder auflebte und zudem Einflüsse von Choresmien, das sowohl von der persischen wie auch der hephtalitischen Herrschaft unabhängig geblieben war, das künstlerische Schaffen dieser Zeit beeinflußten.

Aber auch die Weißen Hunnen waren nur kurz an der Macht. Die ansässige sogdische Oberschicht, Großgrundbesitzer und Kaufleute, versuchte erneut, die Fremdherrschaft abzuschütteln. Zu Hilfe kamen ihnen dabei die Sassaniden, die ihre verlorenen Gebiete zurückerobern wollten und sich zu diesem Zweck um das Jahr 560 mit den Türken im Osten verbündeten. Gemeinsam löschten sie das Reich der Hephtaliten aus und teilten die eroberten Gebiete unter sich auf. Doch das Bündnis der sassanidischen Schahs mit den Türken hielt nicht lange. Die Sassaniden mußten ihre mittelasiatischen Gebiete gleich wieder an die Türken abtreten und verloren später weite Teile des Ostiran an die ehemaligen Verbündeten.

Afrasiab, das Samarkand der Sogder, ist heute ein Ruinenhügel am Rand der von Timur begründeten neuen Stadt, und Fundort vieler wertvoller Ausgrabungen. Von den Tempeln und Palästen dieser Metropole haben nur Mauerreste die Zerstörung durch Dschingis-Chan überdauert (Abb. rechts unten).

Herrliche Wandmalereien aber zeugen von der einstigen Pracht der sogdischen Hauptstadt und von der Meisterschaft ihrer Künstler. Das Detail der Wandmalerei aus einem sogdischen Palast des 7. Jahrhunderts (großes Bild) stellt Teilnehmer eines Hochzeitszuges dar. (4)

Die Wandmalerei aus einem Tempel der sogdischen Stadt Pendschikent vom Ende des 7. bis Anfang des 8. Jahrhunderts (Abb. rechts oben) zeigt Fravaschis, weibliche Schutzgeister oder Schutzengel, die in der iranischen Religion auch als Ahnengeister und Wächter des Himmels verehrt wurden. Ihr Kult war in Sogdien weit verbreitet. (1)

Die Türken waren im Jahr 552 erstmals ins Licht der Geschichte getreten. Die Chinesen erwähnten dieses Volk in ihren Annalen, als es sich von seinen bisherigen Oberherren, den von chinesischen Kultureinflüssen bestimmten Schuan-schuan, befreite und ein Steppenimperium begründete, das sich in seiner späteren Gesamtausdehnung in etwa vom Oxus bis zur Wüste Gobi erstreckte und »alle bogenspannenden Völker« einschloß. Aber dieses riesige Reich war in sich zweigeteilt und von Bürgerkriegen erschüttert. Für Mittelasien bedeutete das eine Zeit der Wirren und Auseinandersetzungen.

Die Türken bekriegten die Sassaniden und Byzanz — nachdem sich ein vertragliches Bündnis, das die Sassaniden vom Seidenhandel ausschließen sollte, nicht als dauerhaft erwiesen hatte — im Osten hingegen drangen die unter der T'ang Dynastie neu erstarkten Chinesen ins türkische Reich vor. Die Türken vermischten sich mit der Bevölkerung Mittelasiens und auch ihre Religion des Schamanismus verschmolz mit dem Zoroastrismus der Sogdier. Das Land war in unzählige kleine Bereiche und Fürstentümer unterteilt, über die der Landadel mit seinen Truppen von Gefolgsleuten in befestigten Burgen herrschte. Diese zahlreichen unabhängigen, aber politisch bedeutungslosen Kleinstaaten waren im Lauf der Jahrhunderte entstanden und stellten Spielbälle in den Händen der Fremdmächte dar, die Mittelasien unter Kontrolle hatten. Manchmal schlossen sie sich zu Konföderationen zusammen und unterstellten sich der Hoheit eines größeren Machtzentrums wie Buchara oder Samarkand.

Doch gerade diese Aufsplittung der Macht lieferte Mittelasien immer wieder fremden Eroberern aus. Im 7. Jahrhundert waren es drei Völker, die um die Herrschaft über Mittelasien stritten, die Türken, die Chinesen, die nach dem Zerfall der Osthälfte des türkischen Reiches nach Mittelasien vordrangen, und die Araber, die von einer völlig neuen Kraft getragen wurden — der Kraft des Islam, die unter der Fahne des Propheten zum heiligen Krieg gegen die Ungläubigen rief.

Bevor wir im Lauf der mittelasiatischen Geschichte weiterschreiten, wollen wir einen Blick auf die Sogdier und Tocharer werfen, die seit Jahrhunderten in Mittelasien ansässig waren und unter den wechselnden fremden Herren, die ihr Gebiet besetzt hielten, eine hohe wirtschaftliche und kulturelle Blüte hervorbrachten, dessen Zeugnisse zu den eindrucksvollsten der vorislamischen Zeit Mittelasiens gehören. Der rege Handel auf den Seidenstraßen bescherte den Fürstentümern und Städten Wohlstand. Die verschiedenen Kulturen und Religionen mischten und beeinflußten sich und brachten eine Kunst und Kultur von besonderer Güte hervor. Die Tempel und Burgen, die Paläste und Häuser reicher Kaufleute in den Handelsstädten, und die Klöster der Buddhisten waren ausgeschmückt mit Holzschnitzereien, figürlich gestalteten Tonreliefs und wundervollen Wandmalereien. Plastiken, Schmuck, Keramik, Münzen und Metall- und Textilarbeiten, sowie Handschriften in sogdischer Sprache, die zu jener Zeit eine internationale Sprache war, zeugen vom hohen Niveau dieser Kultur.

Weitgespannte Handelsbeziehungen verteilten die Kunstgegenstände aus Mittelasien bis nach China, Japan, Südeuropa, Ägypten, Byzanz und den Iran und brachten Anregungen aus all diesen Ländern zurück in die Städte und Burgen Sogdiens und die buddhistischen Tempel und Klöster des südlich von Sogdien gelegenen Tochariens. Das Erbe vieler Völker ist in diese Kunst eingeflossen und doch ist sie zu etwas eigenständigem, individuellen gewachsen. Afrasiab, am Nordrand des heutigen Samarkand, war eines der Zentren sogdischer Kultur, ebenso Pendschikent, etwa 70 km von Samarkand entfernt, und Warachscha, die ehemalige Residenz eines Hunnenkönigs, ca. 30 km nordwestlich von Buchara. Nie haben die Sogder und Tocharer ein Großreich gebildet, nie Eroberungszüge geführt; sie waren seßhafte Bauern und Hirten, Kaufleute und Handwerker, die unter wechselnder Herrschaft und Ausbeutung durch fremde Völker und Stämme ihre hohe Kultur entwickelten und über Jahrhunderte bewahrten.

Dschihad — Heiliger Krieg

Die Macht, die Mittelasien 1200 Jahre lang bis in die Gegenwart beherrschen und prägen sollte, erwuchs auf der arabischen Halbinsel — es war die Macht der von Mohammed gestifteten Religion des Islam, die binnen kurzer Zeit explosionsartig über die Gebiete ihres Ursprungs hinauswuchs. Beflügelt von der Lehre des Koran machten sich die Araber auf, das Wort des Propheten im »heiligen Krieg« zu verbreiten. Schon unmittelbar nach dem Tod Mohammeds im Jahr 632 brachen seine Nachfolger, die Kalifen, zum heiligen Krieg gegen die Ungläubigen auf. Es war nicht die Gier nach Macht, die sie trieb, sondern der missionarische Drang, die Welt zu erobern und zum Glauben an Allah, den einen Gott, zu bekehren.
Unter dem Kalifen Omar, »dem Beherrscher der Gläubigen«, fegten die Krieger des Propheten wie ein Sturm über Syrien, Palästina, große Teile Persiens und Ägypten hinweg. Die Länder, in denen das Christentum entstanden und gewachsen war, fielen in die Hand der Araber. An Byzanz aber scheiterten die Heere des Kalifen. Die Araber, die bislang nicht in der Geschichte aufgetreten waren und außer einigen Stammesfehden nie Kriege und Eroberungszüge geführt hatten, überrannten mit ungeheuerer Vehemenz einen großen Teil der damals bekannten Welt und verbanden die ungestüme Kraft der jungen Religion mit den jahrhundertealten, verfeinerten, aber innerlich geschwächten Zivilisationen der orientalischen Kulturvölker. Die Weltmacht des Islam vereinigte Völker unterschiedlicher Herkunft und Religion unter dem Banner Mohammeds. Durch die arabische Sprache, die überall eingeführt wurde, weil der Koran nicht übersetzt werden durfte, entwickelte sich allen Verschiedenheiten zum Trotz rasch eine einheitliche arabische Kultur.

Wiederum waren es die mittelasiatischen Provinzen und Fürstentümer, die den neuen Eroberern den größten Widerstand entgegensetzten und sich in ihren unzähligen Festungen zäh gegen die Araber verteidigten. In nur 15 Jahren war es den Moslems gelungen, fast das ganze Riesenreich der Sassaniden in ihre Gewalt zu bringen, in Mittelasien hingegen bedurfte es beinahe eines ganzen Jahrhunderts, bis die Herrschaft des Islam fest etabliert war. 651 war das Sassanidenreich ganz ausgelöscht und unter die Herrschaft der Kalifen gekommen. Die Araber eroberten Merv, die Hauptstadt der ostiranischen Provinz Chorasan, und Jezdegerd III., der letzte König der Sassaniden, wurde 651 von einem raubgierigen Müller noch vor dem Eintreffen der Muslime ermordet. Doch im gleichen Jahr kam die erste Expansionswelle der Araber zum Stillstand, denn in den nächsten Jahren rieben sie sich in Bürgerkriegen um die Macht im Kalifat selbst auf.

Viele Hochkulturen haben in Mittelasien ihre Spuren hinterlassen — der gestaltende Einfluß des Islam aber prägte diese Region seit dem 7. Jahrhundert bis zur Gegenwart. Die alten Städte Mittelasiens sind heute vor allem Zeugen islamischer Kunst und Kultur. In der Grabmoschee der Sufi Dynastie in Kunja-Urgentsch, der einstigen Hauptstadt Choresmiens, ist eine wunderschöne Innenkuppel aus dem 14. Jahrhundert erhalten geblieben. Das meisterhaft ausgeführte Netzmuster-Fliesenmosaik erinnert an einen Himmel voller Sterne und gehört zu den wenigen Resten der einstmals prächtigen Metropole, welche die Vernichtungskriege Timurs überstanden haben.

Chinesisches Zwischenspiel und islamischer Sieg

Diese vorübergehende Schwäche kam den Chinesen gerade recht. Sie hatten die Teilung des Türkenreiches in ein östliches und westliches Chanat, sowie die ständigen Stammesfehden und Bürgerkriege ausgenutzt, um ihre Macht in den mittelasiatischen Raum auszudehnen. Peros, der Sohn des letzten Sassaniden-Herrschers Jezdegerd III., rief die Chinesen gegen die Mörder seines Vaters zu Hilfe. Sie drangen in Mittelasien ein, errichteten Präfekturen in Baktrien und Sogdien und unterstellten diese Regionen ihrem Verwaltungssystem. Peros erkannte die Oberherrschaft der Chinesen an und wurde von ihnen auf dem Papier zum chinesischen Statthalter von Persien eingesetzt, das aber längst fest in arabischen Händen war. Die Tibeter, die einen kampfstarken Militärstaat gegründet hatten und 670 in den östlichen Teil von Turkestan eindrangen, unterbrachen die chinesische Vorherrschaft. Da die Tibeter die chinesischen Truppen Mittelasiens vom Mutterland abzuschneiden drohten, zogen sich die Chinesen fluchtartig in die Heimat zurück. Peros ging mit ihnen und beendete sein Leben als General der Leibgarde am chinesischen Hof. Mittelasien indes zerfiel erneut in eine Vielzahl von Kleinstaaten, die nun dem Eindringen der Araber schutzlos ausgeliefert waren.

Die Herrschaft über die Araber hatte 661 die Dynastie der Omajjaden an sich gerissen und damit den Streit um die Nachfolge im Kalifat beendet. Mit straffer Hand organisierte Moawija I. der erste Omajjaden-Kalif, von seiner Residenz in Damaskus aus das Reich nach der Sitte arabischer Stammesclans. Nur gebürtigen Arabern waren Bürgerrechte und Stellungen im Verwaltungsapparat zugänglich. Nun konnten die Eroberungszüge fortgesetzt werden. Ab 671 drangen die Araber in mehreren Feldzügen nach Transoxanien, das Kernland von Mittelasien ein. In zähem Kampf mußten sie jede einzelne der vielen Städte, Festungen und Oasen einnehmen und wurden immer wieder zurückgeschlagen. 674 eroberten sie erstmals Buchara, zwei Jahre später Samarkand. Aufstände vertrieben die »Rechtgläubigen« aber wieder.
In Merv wurden indes zehntausende von Arabern angesiedelt, um den Machtanspruch des Islam dort für immer zu festigen. Doch 694 kehrten die Chinesen nach Mittelasien zurück und besetzten Baktrien. Zugleich erzielten die Araber unter ihrem Heerführer Kutaiba ibn Muslim ihre größten Erfolge. 709 fiel Buchara endgültig in arabische Hände, 712 Samarkand, 713 das Ferghana-Tal und 714 Taschkent. Mit äußerster Härte wurde die Bevölkerung Mittelasiens zum »wahren Glauben« bekehrt. Hatten vor der Invasion der Araber eine Reihe von Religionen friedlich nebeneinander existiert, hatten Kulturen aus Ost und West sich gegenseitig beeinflußt und eine eigenständige Blüte Mittelasiens hervorgebracht, so dominierte fortan nur noch Dogma und Kultur des Islam. Die »Ungläubigen« wurden rücksichtslos bekämpft und niedergemetzelt, Priester und Gläubige der anderen Religionen ermordet, das Volk mit Gewalt zum Glauben an den Propheten bekehrt.
Auch Choresmien, das seit Jahrhunderten seine Unabhängigkeit von den wechselnden Herren Mittelasiens bewahren konnte und eine eigenständige Hochkultur entwickelt hatte, fiel nun in die Hände der Araber. Manche Quellen berichten, daß die unersetzlichen literarischen und wissenschaftlichen Manuskripte dieser Zeit von den Arabern zerstört und die Träger der alten Hochkultur ermordet oder vertrieben wurden. So schreibt der choresmische Gelehrte Al-Biruni (973 — 1048) in seiner »Chronologie orientalischer Völker«: »Kutaiba hatte aber all diejenigen, die choresmische Schrift zu lesen und zu schreiben verstanden, die die Traditionen des Landes kannten und seine Wissenschaften studierten, dem Untergang preisgegeben und auf alle mögliche Weise ruiniert.«

Als 715 Kutaiba, der die Grundlage für die islamische Vorherrschaft in Mittelasien gelegt hatte, von meuternden Soldaten ermordet wurde, weil er als Todfeind des neuen, im gleichen Jahr an die Macht gelangten Kalifen Suleiman galt, brachen in Mittelasien erneut Aufstände gegen die Araber los und trieben sie in Gebiete südlich des Oxus zurück. Nun kämpften wieder die Chinesen mit dem erneut errichteten Chanat der Türken um die Vorherrschaft. Die Fürsten Sogdiens versuchten, Türken und Chinesen gegeneinander auszuspielen, um die ersehnte Unabhängigkeit doch noch zu erlangen. 718 erlitten die Türken eine schwere Niederlage. Die Stämme im Westen, die Karluken, und die im Osten, die Uiguren, lösten sich von den Türken ab, das Chanat brach zusammen. Der sogdische Adel suchte nun angesichts der drohenden Invasion durch Chinesen und Nomadenvölker Schutz bei den Arabern, die seit 730 wieder langsam nach Mittelasien vordrangen. Jetzt traten tausende von Sogdiern freiwillig zum Islam über und ganze Gebiete ergaben sich friedlich dem Kalifat. Der wachsende Einfluß der Araber drängte die Chinesen zurück. Schließlich kam es 751 im Gebiet des Flusses Talas zur entscheidenden Schlacht — die islamischen Truppen vertrieben die Chinesen endgültig aus Mittelasien.

In dieser Schlacht entschied sich das künftige Schicksal Mittelasiens — fortan gehörte es nicht zum chinesisch-buddhistischen Kulturkreis, sondern endgültig, bis in die Gegenwart, zum islamischen. In das gleiche Jahr fiel ein wichtiges kulturelles Ereignis — in Samarkand entstand die erste Papierfabrik außerhalb Chinas. Chinesische Kriegsgefangene verrieten den Arabern die Kunst, aus Lumpen Papier herzustellen. Von Samarkand aus verbreitete sich diese Technologie, die das Geistesleben der Welt verändern sollte, über die anderen Länder des islamischen Kulturkreises bis nach Europa.

Ein goldenes Zeitalter

Im Jahr vor dem arabischen Sieg über die Chinesen war es in der islamischen Welt zu einem Umsturz gekommen — die in Damaskus regierende Dynastie der Omajjaden wurde von den Abbasiden gestürzt. Der Impuls für diesen Umsturz kam aus der mittelasiatischen Stadt Merv, wo Abu Muslim, ein zum Islam übergetretener Perser, das mit dem arabischen Adel unzufriedene Volk in den Aufstand gegen die Omajjaden führte. Die Abbasiden, die bis ins 13. Jahrhundert die Kalifen stellten, organisierten das islamische Reich im Stil einer persischen Großmacht. Nicht-arabische Muslime hatten den Umsturz bewirkt und nun trat an die Stelle der Oligarchie der arabischen Familienclans eine Staatsform, unter der alle Muslime, ungeachtet ihrer Nationalität, gleichberechtigt waren. Bagdad wurde nach dem Vorbild mittelasiatischer Rundfestungen zur prachtvollen Residenz der Abbasiden ausgebaut. Architektur, bildende Kunst, Philologie, Literatur, Erdkunde, Naturwissenschaften, Medizin und Technik kamen zur Hochblüte und die Macht des Abbasiden-Kalifats erreichte unter Harun ar-Raschid (786-809), der in den Märchen aus Tausendundeiner Nacht unsterblich wurde, seinen glanzvollen Höhepunkt.

In Mittelasien entstanden nach dem Sieg des Islam über die Chinesen allmählich wieder staatliche Gebilde, die zwar den Statthaltern von Chorasan unterstellt waren, doch mit der Zeit ihre Selbständigkeit wiedererlangten, da das gesamte islamische Reich durch innere Zwistigkeiten nach dem Tode Harun ar-Raschids zu zerbrechen drohte. Die Macht des Kalifen wurde auf seine religiösen Funktionen beschränkt, während die politische Gewalt in die Hände des Emirs überging, eines Titels, den bald die Fürsten der unabhängigen Dynastien für sich beanspruchten.
Im Westen blühte das Emirat von Cordoba, das ein Prinz aus der Dynastie der Omajjaden begründet hatte, der als einziger dem Blutbad nach der Machtübernahme der Abbasiden entgangen war, und im 10. Jahrhundert rissen die Fatimiden die Macht über ganz Nordafrika an sich.

Zwei Dynastien, die aus dem ostiranischen Militäradel hervorgegangen waren, bestimmten in den nächsten Jahren das Geschick Mittelasiens — die

Abb. links: Das Mausoleum der Samaniden in Buchara, in dem sich das Grab des berühmten Ismail ibn Achmed befinden soll, ist das älteste erhaltene Bauwerk Mittelasiens und eine der schönsten Schöpfungen islamischer Baukunst. Es wurde Anfang des 10. Jahrhunderts, in der goldenen Zeit Bucharas, errichtet. Die wundervolle Ornamentik der Innen- und Außenwände besteht ausschließlich aus kunstvoll versetzten und geformten naturfarbenen Ziegeln. Vollendete Proportionen und die perfekte Beherrschung der Dekorationskunst mit Ziegeln erzeugen bei aller Schlichtheit eine unvergleichliche optische Wirkung und Ausstrahlung.

Abb. rechts: Auch das 1127 errichtete Minarett Kaljan, das Wahrzeichen Bucharas, ist durch Versetzen von Lehmziegeln geschmückt. Das schmale Fayenceband oben deutet aber bereits eine neue Dekorationsweise in der islamischen Kunst an. Das etwa 45 Meter hohe Minarett ist ein schönes Beispiel der Architektur der Karachaniden, die vor dem Mongolensturm in Buchara herrschten. Vom Minarett Kaljan rief der Muezzin die Gläubigen zum Gebet, nachts leitete ein weithin sichtbares Feuer in der Ampel des Turmes die Karawanen in der Wüste. Die Emire Bucharas im 18. und 19. Jahrhundert mißbrauchten das Minarett aber auch als Richtstätte — die Verurteilten wurden in einen Sack genäht und in die Tiefe gestürzt.

Tahiriden und die Samaniden. Der General Tahir erhielt vom Kalifen Chorasan zum Geschenk und begründete den ersten islamisch-iranischen Staat, in dem nicht Arabisch, sondern Persisch als Literatursprache diente. Die Dynastie der Samaniden wurde ab 874 unabhängig und gehörte nur noch formal dem Kalifenreich an. Sie erhob die Städte Buchara und Samarkand zu islamischen Metropolen von höchstem Rang. Unter Isma'il ibn Ahmad (892-907) stieg Buchara zur glanzvollen Metropole eines goldenen Zeitalters in Mittelasien auf. Kunst, Literatur und Wissenschaft blühten unter den Samaniden und ihre Handelskarawanen zogen weithin in alle Himmelsrichtungen. Samanidische Münzen wurden bis in Skandinavien und Island gefunden. Ibn Sina, im Westen besser bekannt unter dem Namen Avicenna, der berühmteste Gelehrte des Orients, lebte und wirkte zu dieser Zeit in Buchara und anderen Städten des Samanidenreiches. Der Dichter Firdausi schrieb das »Schahnameh« — das Königsbuch — das Nationalepos der Perser. Aber auch der Sklavenhandel erreichte unter den Samaniden einen Höhepunkt.

Die Zeit vor dem großen Sturm

Wieder waren es innere Auseinandersetzungen, die den Zerfall der Samaniden-Dynastie herbeiführten. Islamisierte türkische Söldner- und Kriegsgefangenentruppen revoltierten und schlugen ihre früheren Oberherrn. Der samanidische Kommandant der Sklaventruppen, Alptegin, riß die Gebiete südlich des Oxus und in Chorasan an sich und begründete das Reich der Ghasnawiden. Die ebenfalls turkstämmigen und durch ihren Kontakt mit der muslimischen Kultur zum Islam übergetretenen Karachaniden (oft auch als Karluken bezeichnet) besetzten das Syr Darja Becken und zogen 999 in Buchara ein. Der Amu Darja war die vereinbarte Grenze zwischen diesen beiden islamischen Türkenreichen.

Die iranisch geprägte Kultur der Samaniden verlor an Bedeutung, türkischer Geist hingegen gewann immer mehr Einfluß. Viele Baudenkmäler aus dieser Zeit zeigen aber, daß sich die kulturelle Blüte unberührt vom politischen Wandel fortsetzte. Nach türkischem Muster wurde das Reich der Karachaniden nicht zentral regiert, sondern in mehrere Machtbereiche unterteilt, die einzelnen Adeligen und Ministern unterstanden. Dieses System erwies sich allerdings als wenig dauerhaft, denn die ständigen Kämpfe zwischen den Fürsten führten zu Schwächung und Zerfall des Reiches. Die Ghasna-Sultane hingegen versuchten, ein islamisches Großreich zu begründen. Sie führten 17 Feldzüge gegen Indien und konnten den Pandschab — das Industal mit Nebenflüssen — fest in den islamischen Machtbereich eingliedern. Die neue Ordnung, die freilich von zahlreichen internen Auseinandersetzungen zerrissen war, währte nur eine Generation lang.

Um 1025 stieß ein türkischer Stamm aus dem Volk der Oghusen, die Seldschuken — so genannt nach ihrem Anführer Seldschuk — aus dem Nordosten nach Mittelasien vor. Die Seldschuken waren vormals in samanidischen Diensten gestanden und in dieser Zeit zum Islam übergetreten. Nun unterstützten sie die Choresmier in ihrem Kampf um die Unabhängigkeit von den Ghasnawiden, die unter ihrem Sultan Mahmud verheerende Zerstörungen angerichtet hatten und ihr Regime mit Gewalt und Terror aufrechterhielten. Die seldschukischen Reiter errangen einen triumphalen Sieg, der das Reich der Ghasnawiden zusammenbrechen ließ und in die Hände der Seldschuken gab. Die Karachaniden im Zweistromland von Amu Darja und Syr Darja mit ihrer Hauptstadt Üzkent und später Samarkand wurden zu Vasallen der Seldschuken, blieben in ihren Gebieten aber weiterhin die vorherrschende Macht. Gruppen der Seldschuken zogen weiter nach Westen, nahmen Bagdad, Jerusalem und Damaskus ein und schlugen die byzantinischen Heere in Kleinasien.

Der Hilferuf des byzantinischen Kaisers löste in Europa den 1. Kreuzzug aus, und es begann eine folgenschwere kriegerische und kulturelle Verwicklung von Abendland und Morgenland. In wenigen Jahren eroberten die Seldschuken die asiatischen Teile der islamischen Welt und errichteten ein Großreich türkischer Prägung, von dem die Rum-Seldschuken in Kleinasien mit ihren Städten Kayseri und Konya eine besondere kulturelle Hochblüte hervorbrachten. Aus den Rum-Seldschuken ging etwa 200 Jahre später die Dynastie der Osmanen hervor, die bis in unser Jahrhundert ein zeitweise gewaltiges Reich beherrschte. Die seldschukische Hauptstadt im Osten aber war Merv, in dem prächtige Bauten entstanden und das Anziehungspunkt von Künstlern, Dichtern, Philosophen und Wissenschaftlern sowie ein blühendes Zentrum von Wirtschaft und Handel wurde. Neben Bagdad war Merv, die »Perle des Ostens«, die größte und bedeutendste islamische Stadt des frühen Mittelalters. Aber auch diese Periode war keine friedliche für Mittelasien. Die Schahs von Choresmien strebten erneut nach Unabhängigkeit und auch gegen ihre Vasallen, die Karachaniden, mußten die Seldschuken immer wieder vorgehen.

Doch wieder war es ein Volk aus dem Nordosten, die Kara-Chitai, ein wahrscheinlich buddhistischer Mongolenstamm, welcher der seldschukischen Herrschaft in Mittelasien ein jähes Ende setzte. Die Kara-Chitai hatten fast 200 Jahre als Liao-Dynastie in Nordchina mit Peking als Hauptstadt regiert, wurden dann aber von der Kin-Dynastie der tungusischen Dschurdschen abgelöst. Ein Teil der Kara-Chitai floh nach Westen. 1137 schlugen die Kara-Chitai die Karachaniden, 1141 auch die Seldschuken. Das stark von der chinesischen Kultur beeinflußte Steppenvolk, das eine eigene Schrift und eine entfaltete Kunst, Literatur, Kriegstechnik und Staatsführung besaß, beherrschte nun das Land bis zum Amu Darja und brachte ostasiatische Elemente in die islamische Kultur ein. Die Schahs von Choresmien versuchten die Niederlage der Seldschuken auszunutzen, griffen Merv an und plünderten es. Kurz darauf drangen auch die Kara-Chitai nach Merv vor und plünderten die Stadt erneut. Als die Choresm-Schahs ihre Unabhängigkeit von den Seldschuken zurückgewonnen hatten, wandten sie sich gegen die Kara-Chitai, denen sie tributpflichtig waren. In zwei Feldzügen wurde das Steppenvolk besiegt und seine Herrschaft in Mittelasien gebrochen. Die Kara-Chitai zogen sich nach Osten zurück, blieben aber mächtige Nachbarn Choresmiens. Die Choresm-Schahs mit ihrer Hauptstadt Gurgantsch (heute Kunja-Urgentsch) wurden unter Sultan Tekesch die mächtigsten Herrscher der islamischen Welt und geboten über ein Reich, das vom Syr Darja bis zum Euphrat reichte. Samarkand war die zweite Hauptstadt dieses Großreiches.

»Es gibt auf der Welt kaum eine Stadt, die an Reichtümern und weltstädtischer Großartigkeit, an Zahl der Einwohner, Reichtum und religiösen Stätten der Hauptstadt von Choresmien gleichkäme«, heißt es in einem Bericht aus dem 13. Jahrhundert. Doch Gurgantsch, das heutige Kunja-Urgentsch, wurde von Dschingis-Chan erobert, entvölkert und durch Überflutung zerstört und geriet zum »Wohnort der Schakale und zum Versteck von Eulen und Falken.« Unter den Sufi-Chans entstand die prächtige Metropole neu, wurde aber von Timur erneut dem Erdboden gleichgemacht. Von diesem Schlag hat sich die alte Hauptstadt Choresmiens nie wieder erholt — nur wenige, in der Wüste verstreute Bauten zeugen vom ehemaligen Glanz. Die choresmischen Baumeister und Künstler wurden von Timur nach Samarkand verschleppt, wo sich in den Bauten der Timuriden viele Elemente choresmischer Kunst wiederfinden. Bild-Vordergrund: Mausoleum des Sultan Tekesch (1193-1200), Mitte: das noch 62 Meter hohe Minarett — das höchste Minarett Mittelasiens — aus dem 14. Jahrhundert, Hintergrund: Grabmoschee der Sufi-Dynastie, ebenfalls aus dem 14. Jahrhundert.

Die Strafe Gottes

Während die Choresm-Schahs ihr islamisches Reich erfolgreich gegen die afghanische Dynastie der Ghoriden und gegen die über den Syr Darja verdrängten Kara-Chitai verteidigten, braute sich weit im Osten ein Sturm zusammen, wie ihn selbst das kriegsgewohnte Mittelasien noch nie erlebt hatte. Temudschin, dem Sohn einer unbedeutenden mongolischen Fürstenfamilie, gelang es durch eine Reihe von Kämpfen und Bündnissen, die mongolischen Stämme zu vereinen und sich 1206 auf einem Kuryltai, einer Volksversammlung, zum Dschingis-Chan, zum obersten Herrscher der Mongolen ausrufen zu lassen. Geschult in der hohen Kriegskunst chinesischer Prägung führte Dschingis-Chan eine straffe Militärorganisation ein und begann mit einer einheitlichen Gesetzgebung, der Jassa. Innerhalb weniger Jahre waren die benachbarten Steppenvölker unterworfen oder hatten sich den Horden des Großchans freiwillig angeschlossen.

1209 wurde das Reich der Hsi-Hsia, die Aufmarschbasis gegen China, erobert und 1211 brachen die mongolischen Heere sengend und mordend in China ein. 1215 fiel Peking. Hunderttausende starben in den Ruinen, nur Wissenschaftler, Künstler, Handwerker und für die Sklaverei taugliche Jugendliche wurden verschont und in die Mongolei verschleppt. Dann wandte Dschingis-Chan seine Horden nach Westen. Das Reich der Kara-Chitai, das neben Choresmien zweitmächtigste Reich Zentralasiens, wurde zerschlagen. Viele Chitai-Stämme schlossen sich den Siegern an. Nun stand der mongolische Herrscher an der Grenze der islamischen Welt.

Ein eher nebensächliches Ereignis löste den Sturm aus, der die Länder des Islam vernichtend treffen sollte. Nach zunächst friedlichen Verhandlungen über die Handelsstraßen hatte es schon 1215 Tuchfühlung zwischen den Mongolen und den Choresmiern gegeben, was allerdings ohne Folgen blieb. 1218 aber ließ der choresmische Gouverneur der Stadt Otrar eine Karawane, die aus dem Mongolenreich heimkehrte, ausrauben und die 450 Kaufleute und Treiber ermorden, vielleicht weil er sie für Spione hielt. Einer entkam dem Massaker und meldete den Vorfall den Mongolen, die einen Boten nach Choresmien schickten, um Schadensersatz zu fordern. Statt einer Antwort ließ der Choresm-Schah Muhammad II. den Boten umbringen. Das war der Vorwand für Dschingis-Chan, eine Armee von 150.000 bis 200.000 Mann, gut gerüstet und geschult in chinesischen Kriegs- und Belagerungstechniken, in Bewegung zu setzen. Die Folgen für die blühenden Städte und Oasen Mittelasiens waren verheerend. Muhammad II., im Gegensatz zu Dschingis-Chan mit wenig strategischem Geschick begabt, vertraute auf die Truppen in den zahlreichen befestigten Städten und Burgen seines Reiches. Doch sie waren machtlos gegen die Mongolen, die mit allen Taktiken und Techniken der damaligen Kriegskunst vorgingen und über ein ausgefeiltes und blitzschnelles Nachrichtensystem verfügten. Die hochentwickelte chinesische Belagerungstechnik, bei der sogar Flammenwerfer, Raketen, Sprengstoff und Minen zum Einsatz kamen, kombiniert mit der Flexibilität und Durchschlagskraft nomadischer Kavallerie machte die mongolischen Heere in der ganzen damaligen Welt unbesiegbar.

Die Stadt Otrar fiel als erste. 1220 folgte Buchara, noch im gleichen Jahr Samarkand und Gurgantsch, die Hauptstadt der Choresm-Schahs, im darauffolgenden Jahr Balch und Merv. Das Verhalten der Mongolen war überall das gleiche: die Städte wurden niedergebrannt oder durch Manipulation von Bewässerungsdämmen überflutet, ihre Mauern geschleift, die Häuser restlos ausgeplündert, die stationierten Truppen und die Bevölkerung, gleich, ob sie sich kampflos ergaben oder die Stadt bis zuletzt verteidigten, abgeschlachtet oder als »Kanonenfutter« bei der Belagerung der nächsten Stadt geopfert.

Jeder Krieger war verpflichtet, seinem Chan die Köpfe von 125 erschlagenen Feinden zu bringen. Nur Menschen, die als Sklaven, Künstler, Wissenschaftler oder Handwerker von Nutzen waren, wurden verschont und in die Mongolei verschleppt. In Buchara sprach Dschingis-Chan zur Bevölkerung, bevor er sie seinen Kriegern überließ: »... dies geschieht, weil ich die Strafe Gottes bin.« Mittelasien sank in Schutt und Asche. Über die Hälfte seiner Bevölkerung soll im Mongolensturm das Leben verloren haben, 1,3 Millionen starben allein in Merv. Aus dem verwüsteten Mittelasien stürmten die Mongolen weiter nach Westen, wo sie 1259, bereits unter Dschingis-Chans Nachfolgern, auch Bagdad, Aleppo, Damaskus und große Teile Kleinasiens eroberten und das Kalifat der Abbasiden vernichteten.

Die Erben Dschingis-Chans

1227 starb »die Geißel Gottes« im Alter von fast siebzig Jahren. Das mongolische Weltreich wurde unter die Söhne und Enkel Dschingis-Chans verteilt, die es weiter ausdehnten und zum größten Imperium der Weltgeschichte machten — zu einem Imperium aber, das in Schutt und Asche lag. Bald schon zerfiel es in vier Teilreiche, die sich rasch voneinander entfremdeten: Das Chanat der Ilchane, das die südwestlichen Länder wie Persien, Teile Kleinasiens und Chorasan umfaßte, das Chanat der Goldenen Horde, nördlich des Aralsees und des Kaspischen Meeres, das auch Choresmien einschloß, das Chanat Tschagatai, zu dem das Kerngebiet Mittelasiens und die angrenzenden östlichen Lande zählten, und das Zentralchanat einschließlich China, das später von Kublai Chan beherrscht wurde, dem Begründer der chinesischen Yüan-Dynastie.

Mittelasien erholte sich nur langsam von den schweren Verwüstungen der Mongolenstürme. Nur Choresmien blühte unter dem Einfluß der Goldenen Horde bald wieder auf und wurde zu einem Zentrum des Handels, so daß der marokkanische Geograph Ibn Battuta, der in den dreißiger Jahren des 14. Jahrhunderts Mittelasien bereiste, von der Größe und Schönheit von Gurgantsch und der Freundlichkeit der dort lebenden Bevölkerung schwärmte. In Transoxanien aber stieß er auf die Ruinen der einst so bedeutenden Städte Buchara (»... außer wenigen liegen ihre Moscheen, Medresen und Basare in Ruinen«) und Samarkand (»...die meisten Paläste liegen in Trümmern, wie auch vieles in der Stadt selbst, und sie hat keine Mauern und Tore«).

Die Mongolen vermischten sich mit der Kultur der jeweiligen Gebiete, und viele der Fürsten traten zum Islam über. Das Chanat Tschagatai spaltete sich in das Gebiet von Transoxanien, über das islamische Fürsten herrschten, und in die östlichen Bereiche, die als Mogulistan bezeichnet wurden. Mogulistan blieb eines der kulturell rückständigsten Länder des Mongolenreiches. Unter den islamisierten Herren und den im Gefolge der Mongolenzüge nachgeströmten türkischen Stämme schritt der Wiederaufbau der verwüsteten Gebiete voran. Doch Bürgerkriege und Stammesfehden wüteten nach wie vor, ständig drangen fremde Truppen ein, verwüsteten und mordeten erneut, und im Jahre 1348 hauste wieder einmal der Schwarze Tod, die Pest, in Transoxanien. Auch die Goldene Horde zerfiel, die Linie der Ilchane, die über Iran und Mesopotamien herrschten, starb aus und im Osten schüttelten die Chinesen die mongolische Fremdherrschaft ab und begründeten die mächtige Ming-Dynastie. Das Imperium des Dschingis-Chan war nach ungefähr 150 Jahren am Ende.

Timur, der Lahme

Das Geschick der Städte und Oasen Mittelasiens wurde wieder zunehmend vom türkischen Adel und der islamischen Geistlichkeit bestimmt, als eine Gestalt die Bühne der Geschichte betrat, die Samarkand glanzvoll aus den Trümmern wiederentstehen ließ, der übrigen Welt aber zum Inbegriff von Schrecken und Grausamkeit wurde: Timur, der wegen einer Kriegsverletzung den Beinamen »Lenk«, der Lahme, erhielt, in der europäischen Literatur als Tamerlan bekannt ist und in Usbekistan noch heute als Nationalheld Ansehen genießt. Er wurde 1336 in der Nähe von Kesch, dem heutigen Schahr-i Sabs, südlich von Samarkand geboren und brachte es vom Hauptmann einer Bande nomadisierender Räuber zum Beherrscher des zweiten mongolischen Weltreiches. Timur bezeichnete sich als Nachkomme Dschingis-Chans, stammte aber aus einer turkisierten Mongolensippe, die mit den Horden des großen Chans nach Transoxanien gekommen war. Nach einer Reihe interner Kämpfe schwang sich 1369 Timur zum Alleinherrscher über Transoxanien auf, wählte Samarkand zu seiner Hauptstadt und machte sich daran, seine Nachbarländer in allen Himmelsrichtungen mit erbarmungslosen Vernichtungskriegen zu überziehen.

Da es ihm nicht gelang, seine Herrschaftsansprüche in den besiegten Ländern durch ein geordnetes Staatswesen durchzusetzen, fiel er immer wieder aufs neue in diese Gebiete ein, um sie zu verwüsten und ihre Bevölkerung auszurotten. Wo sich kein Leben mehr regt, kann es auch keine Feinde und Widersacher geben — das scheint die Philosophie Tamerlans gewesen zu sein.
Timur schlug die Heere der Osmanen in Kleinasien, die Delhi-Sultane in Indien, die Goldene Horde an der Wolga, er verwüstete den Iran und Irak, Choresmien, Armenien, Georgien und Mogulistan. In Mogulistan ruhte er erst, als ein ihm genehmer Chan auf dem Thron saß und er eine Dschingis-Chaniden-Prinzessin zur Frau bekam. Die anderen Länder aber suchte er wieder und wieder heim. Wollten die Dschingis-Chaniden die Welt beherrschen, so versuchte Timur, sie zu zerstören. Seine Grausamkeit und Bestialität stellte die von Dschingis-Chan und die anderer großer Eroberer weit in den Schatten. Überall hinterließen seine Krieger geplünderte, tote Ruinenstädte, verwüstetes, verbranntes Land mit zerstörten Bewässerungskanälen, und Millionen von Toten, deren abgeschlagene Schädel zu riesigen Pyramiden aufgetürmt wurden. Unzählige Männer, Frauen und Kinder wurden getötet, in der Schlacht niedergemetzelt, geköpft, lebendig begraben, ertränkt, von Pferden zerstampft oder als lebendes Baumaterial für Festungsmauern verwendet.

Abb. links: Der grausame Kriegsherr Timur machte Samarkand zur glänzenden Hauptstadt seines Weltreiches. In Samarkand ist Timur auch begraben. Sein Anfang des 15. Jahrhunderts erbautes Mausoleum Gur Emir zählt zu den schönsten islamischen Bauwerken der Welt.

In Bagdad beispielsweise, das Timur 1401 zum zweitenmal überfiel, wurden an einem Tag 90.000 Menschen hingerichtet und alle Gebäude der Stadt bis auf die Moscheen zerstört. »Timur aber hatte geschworen, er werde Bagdad so zerstören, daß niemand mehr erkennen könne, daß da einst Häuser gestanden hätten oder nicht. Darum gab er Befehl, den Boden der Brandstätte umzuackern und Gerste darüber zu sähen,« berichtete der Münchner Hans Schiltberger, der nach einem Kreuzzug in türkische Gefangenschaft geraten war und später die Kriegszüge Timurs als Augenzeuge miterlebte. Hungersnöte und Epidemien rafften nach Timurs Abzug die Überlebenden der heimgesuchten Städte und Länder dahin. Die Schonung der heiligen Bauten und die Unterstützung der islamischen Geistlichkeit ließ Timur in den Augen mancher Zeitgenossen allerdings als »fromm« erscheinen. Sein verbranntes und entvölkertes Reich regierte Timur von Samarkand aus, das er neben dem Ruinenhügel von Afrasiab, der alten, von Dschingis-Chan zerstörten Stadt, in unvergleichlichem Glanz neu entstehen ließ.
Architekten, Maler, Kalligraphen, Handwerker, Wissenschaftler, Geschichtsschreiber und Philosophen, die Elite der besiegten Völker, wurden bei den Massakern verschont und nach Samarkand verschleppt, wo es im Zentrum eines Taifuns von Tod und Zerstörung, eines gewaltigen Gürtels der Verwüstung, zu einer Hochblüte islamischer Kunst und Wissenschaft kam. Das zwangsweise Zusammentreffen der Wissenschaftler und Künstler aus Ost und West führte zur fruchtbaren Auseinandersetzung der verschiedenen Ideen und Stile. Moscheen, Mausoleen, Medresen, Karawansereien und Paläste entstanden, die zu den herausragenden Werken islamischer Kunst zählen und ihre weitere Entwicklung beeinflußten. Aus Indien brachte Timur Kriegselefanten nach Samarkand, die in seinen weiteren Feldzügen und beim Bau seiner Monumentalarchitektur eingesetzt wurden.

»Wenn du an unserer Größe zweifelst, betrachte unsere Bauwerke«. Der Ausspruch des timuridischen Historikers Abdul Razzak Samarkandi kann als Motto der Monumentalarchitektur Timurs gelten. Baumeister und Künstler aus allen von Timur verwüsteten Ländern wurden nach Samarkand verschleppt, um ihre Talente im Dienst am Beherrscher Samarkands zu verschmelzen und eine eigenständige Stilform hervorzubringen, welche die islamische Kunst nachhaltig beeinflußte. Von vielen der gewaltigen Bauwerke sind aber nur Ruinen geblieben.

Für die Moschee Bibi Chanym (Abb. rechts unten und oben Mitte), die noch heute die »Skyline« von Samarkand prägt, wurden 480 steinerne Säulen errichtet. Das Material für diese riesige Freitagsmoschee wurde unter anderem von den vom Indienfeldzug mitgebrachten Kriegselefanten herangeschleppt. Die Ausmaße des gigantischen Baus überstiegen aber das in dieser Zeit technisch Machbare, so daß die Moschee schon bald nach ihrer Errichtung einzustürzen begann.

Nicht anders erging es dem Ak Saray, dem »weißen Palast« in Timurs Geburtsstadt Schahr-i Sabs (Abb. links), von dem nur die fast 40 Meter aufragenden Ruinen eines über 50 Meter hohen Portalbogens erhalten sind. Der spanische Gesandte Clavijo, der Timur in diesem Palast besuchte, beschrieb den Ak Saray als gewaltige Anlage mit Gärten und wasserumflossenen Pavillons. An den erhaltenen Ruinen lassen sich sechs Stockwerke bestimmen.

Die Grabmoschee, die Timur für den Sufi-Meister Achmed Yasevi (gestorben 1166) in der Stadt Turkestan errichten ließ (Abb. rechts oben), hat dem Zahn der Zeit weitgehend standgehalten. Sie gilt als unvollendet und sollte offenbar noch monumentalere Ausmaße erreichen.

Nachdem Timur einen Kriegszug gegen die Osmanen und Byzanz überraschend abgebrochen hatte, obwohl die Osmanen schon geschlagen waren und Byzanz die Unterwerfung anbot, sammelte er seine Heere für einen Eroberungszug nach China. Aber noch während die Truppen zusammengezogen wurden, starb der Feldherr 71jährig am 19. Januar 1405. Sein Reich, das auf Trümmern gebaut war, hatte keinen Bestand.

Blütezeit unter den Timuriden

Unmittelbar nach Timurs Tod brachen die Kämpfe um seine Nachfolge aus. Timurs vierter Sohn Schah Ruch setzte sich schließlich durch. Dieser kunstsinnige Herrscher residierte in Herat, in Samarkand war sein Sohn Ulug Beg als Vizekönig eingesetzt. Unter diesen beiden Herrschern erlebte Mittelasien eine weitere hohe Blüte islamischer Kultur und eine Zeit der Stabilität und des Wohlstands. Ulug Beg, einer der führenden Wissenschaftler seiner Zeit, machte Samarkand und Buchara zu Zentren von Kunst und Wissenschaft. Auch der Handel kam nach Timurs Vernichtungszügen zu einem neuen Höhepunkt. Die neue Blütezeit aber währte nur kurz. Als Schah Ruch starb und 1449 Ulug Beg von seinem eigenen Sohn verraten und hingerichtet wurde, sank Mittelasien erneut in eine Periode der Bürgerkriege und Kämpfe um die Herrschaft über das in zahlreiche Lehen zerfallene Reich. Abu Said, der Urenkel Timurs, versuchte das Reich noch einmal zu vereinen, wurde aber 1469 ebenfalls ermordet.

Unter Husain Baikara, dem letzten großen Timuriden und Sultan von Chorasan, leuchtete der alte Glanz noch einmal auf, als er in seiner Hauptstadt Herat bedeutende Dichter, Maler und Gelehrte versammelte, doch eine neue Macht braute sich bereits in den Steppen des Nordostens zusammen und unternahm Raubzüge ins Kernland der Timuriden, wo sie beispielsweise in Samarkand einige der schönsten Bauwerke zerstörte. 1500 setzte diese neue Kraft, das turkstämmige Volk der Ösbeken, der Renaissance der islamischen Kultur endgültig ein Ende. Die Tadschiken, die seßhafte Bevölkerung Mittelasiens iranischer Abstammung und persischer Sprache, wurde aus den Oasen in die Berge verdrängt.

Die Ösbeken setzen sich durch

Die Ösbeken hatten schon im 15. Jahrhundert in die Bürgerkriege Mittelasiens eingegriffen, hatten Raubzüge nach Transoxanien unternommen, gegen Ulug Beg gekämpft und das Gebiet nördlich des Syr Darja bis Ferghana in ihre Gewalt gebracht. Nach dem Tod Schah Ruchs und Ulug Begs mischten sie sich in die Erbstreitigkeiten der Timuriden. Die Ösbeken waren aus einer Reihe von Steppenstämmen zu einem Volk zusammengewachsen, das von Abu 'l-Chair Chan geeinigt und in den Kampf gegen die Timuriden geführt wurde. Doch nicht alle Stämme schlossen sich der straffen Führung an und zogen mit nach Südwesten. Sie blieben in den Steppen östlich des Syr Darja und erhielten den Namen Kasachen, die »Abtrünnigen«. Sie erwuchsen den Ösbeken zu mächtigen Feinden. So richteten sie unter den Resten des Ösbekenheeres ein Massaker an, als die buddhistischen Oiraten den Ösbekenstaat am Syr Darja zerschlagen und seine Städte zerstört hatten.

Abu 'l-Chair Chan fiel 1468, die Ösbeken schienen vernichtet. Doch Mohammed Schaibani, der Enkel des Chans, war dem Massaker entronnen und führte die versprengten Stämme wieder zusammen. 1500 fiel er in Transoxanien ein. Samarkand und Buchara wurden erobert, Taschkent, Balch und Kundus ebenso. 1505/06 mußte der letzte Timuridensultan Husain Baikara Choresmien preisgeben. Schaibani zog weiter nach Chorasan und eroberte Herat.

Ein weiterer Nomaden-Kriegsherr schien gekommen, der seine Hand nach dem Iran ausstreckte. Doch Schaibani scheiterte an den Armeen einer neuen, energischen Macht, die das persische Reich beherrschte — der Dynastie der Safawiden. Sie führten als Schiiten den Kampf gegen die sunnitischen Ösbeken als Religionskrieg und schlugen Schaibani, der zugleich einen Angriff der Kasachen im Osten abwehren mußte, vernichtend. Schaibani fiel 1510 bei Merv. Seine Schädelkapsel wurde als vergoldete Trophäe von den Siegern als Trinkschale benutzt. Erneut schien das Schicksal der Ösbeken besiegelt, zumal Babur, ein Nachkomme Timurs, die Schwäche der Ösbeken ausnützen wollte, um das Reich der Timuriden wiederherzustellen. Doch Babur wurde geschlagen und zog sich nach Indien zurück, wo er das Reich der Großmoguln begründete, das bis Mitte des 19. Jahrhunderts unter der Herrschaft von Timuridenfürsten stand und eine Pracht entfaltete, in der auch das künstlerische Erbe der Timuridenzeit fortlebte. Der Sieg über Babur sicherte den Ösbeken endgültig die Macht in Transoxanien, obwohl die Großmoguln von Indien aus immer wieder versuchten, nach Mittelasien vorzustoßen.

Unter Chan Abdullah blühte das Land nach weiteren Bürgerkriegen mit Buchara als Hauptstadt erneut auf, mußte sich aber dauernd gegen Feinde aus Ost und West behaupten. Im Jahre 1599 ging die Herrschaft an die Dynastie der Dschaniden über, während sich in Choresmien ein Zweig der Schaibaniden behauptete, der nach einem ersten Angriff der russischen Truppen auf Kunja-Urgentsch seine Hauptstadt nach Chiwa verlegte. In Chiwa, Buchara und Samarkand entstanden prachtvolle religiöse Bauten, die bis heute das Stadtbild bestimmen. Von der Aufgeklärtheit und geistigen Freizügigkeit der Epoche von Ulug Beg aber war nichts geblieben. Die Herrscher huldigten nun einem orthodoxen, fanatischen Islam.

Die Derwischorden, allen voran der Orden der Naqshbandi, wurden reich und machtvoll und gewannen starken politischen Einfluß. Die Blütezeit dieser Periode blieb eher bescheiden, denn eine Reihe von Umwälzungen hatte Mittelasien nachhaltig aus dem Zentrum der Weltgeschichte in die Isolation gedrängt. Die Bedeutung der Seidenstraßen für den Fernhandel verfiel, da europäische Seefahrer den Weg nach Indien und Fernost entdeckt hatten. Im Norden wuchs die Macht des Zarenreiches, das Schritt für Schritt die Steppenvölker des Ostens unterwarf und in ihnen mächtige Verbündete gewann.

Im Westen und Süden breiteten sich drei stabile und mächtige islamische Großreiche aus — das der Osmanen in Kleinasien, das der Safawiden unter dem Schah von Persien und das der Großmoguln in Nordindien. Mittelasien aber zerfiel in mehrere Chanate, Emirate und unabhängige Städte, deren Grenzen rasch wechselten und die oft miteinander verfeindet oder in Kämpfe gegen angreifende Nomadenstämme verwickelt waren.

Der Niedergang der Kultur

Drei Chanate bestimmten Mittelasien bis zur russischen Eroberung im 19. Jahrhundert: Das Chanat Buchara, das choresmische Chanat Chiwa und das Chanat Kokand im Ferghana-Becken, das auch Taschkent und Gebiete im Osten einschloß. Samarkand gehörte als Provinzstadt zum Chanat Buchara, verlor immer mehr seine Bedeutung und sank zu einem Marktflecken herab, in dem 1740 gerade noch 1000 Familien wohnten. Nahezu isoliert vom Geschehen der Weltpolitik und vom Fernhandel wurde Mittelasien zu einem unbedeutenden, vergessenen Fleck auf der Landkarte. Zwar gab es ständig Kriege und Streitigkeiten — so wurde die Dynastie der Dschaniden in Buchara 1740 vom persischen Nidar Schah zur Kapitulation gezwungen, als Nidar Artillerie einsetzte, der die rückständigen mittelasiatischen Herrscher nichts entgegenhalten konnten. Der Schah zog in das einstmals glänzende Buchara ein, verzichtete jedoch auf eine Plünderung, da er die Stadt als unbedeutendes Provinznest einschätzte, in der es nichts lohnendes zu holen gab.

Emire und Chane wechselten, immer wieder gab es neben Machtkämpfen und blutig niedergeschlagenen Aufständen vorübergehende Blüteperioden, in denen die religiöse Kunst, Architektur und Literatur einen Aufschwung nahmen — zum Beispiel in Chiwa unter Muhammad Amin in der ersten Hälfte des 19. Jahrhunderts — doch insgesamt versank Mittelasien in einem dunklen Zeitalter despotischer Emire und Chane, bigotter Fundamentalisten und Sektenführer, die dem Land jeglichen Fortschritt verweigerten und es von den Einflüssen der Außenwelt abschlossen. Das geistige Leben stagnierte, Bildung galt zeitweilig als Schande, Reformen als Sünde, mit der Wirtschaft ging es ständig bergab, der Großteil der Bevölkerung verarmte in zunehmendem Maße und stöhnte unter der Ausbeutung durch den Staat, die Großgrundbesitzer und die religiösen Führer, die es zu Reichtum und weltlicher Macht gebracht hatten. Gelegentliche Aufstände wurden grausam niedergeschlagen. Die Unterdrückung jeglichen freien Denkens führte auch in den Künsten zur Erstarrung, wo hauptsächlich alte Formen reproduziert wurden. Die wenigen Reisenden und Botschafter aus dem Westen, die sich, meist unter Lebensgefahr, nach Mittelasien wagten, zeichneten ein düsteres Bild von den Zuständen in den einst so

Timurs Enkel Ulug Beg, der in Samarkand als Vizekönig herrschte, brachte Samarkand und Buchara eine weitere kurze Blütezeit. Die Medrese Ulug Begs aus dem frühen 15. Jahrhundert (Abb. links), ein Teil des berühmten Architekturensembles am Registanplatz in Samarkand, war ein Zentrum der aufgeklärten Wissenschaften.

Etwas außerhalb von Samarkand ließ Ulug Beg ein Observatorium errichten, das als das modernste der damaligen Welt galt und in anderen Städten kopiert wurde. Die Sternpositionstabellen, die Ulug Beg, der »Galilei Mittelasiens«, dort anfertigte, wurden von der modernen Wissenschaft weitgehend bestätigt. Von Ulug Begs Sternwarte ist heute nur noch ein Teil des gewaltigen, in den Fels getriebenen Sextanten erhalten (Abb. Mitte).

Das liberale Denken der im Samarkand Ulug Begs versammelten Wissenschaftler und Künstler brachte jedoch bald die orthodoxe Geistlichkeit gegen den gelehrten Herrscher auf. Ulug Beg wurde als Ketzer verleumdet und fiel einer Verschwörung zum Opfer, an dem auch seine eigene Familie beteiligt war. Vor dem Eingang zu seiner Medrese (Abb. rechts) wurde das abgeschlagene Haupt des berühmten Wissenschaftlers und Herrschers zur Schau gestellt.

berühmten Städten — eine drückende Atmosphäre von Mißtrauen und Intoleranz, eine fanatisierte Bevölkerung in schmutzstarrenden Straßen, überfüllte, vor Unrat und Ungeziefer wimmelnde Kerker, vom Wahn der Macht besessene, unberechenbare Herrscher, die willkürlich unterdrückten, ausbeuteten, mordeten und jeder Denunziation ihr Ohr liehen, berüchtigte Sklavenmärkte, bittere Armut, Massaker, Hinrichtungen und Folterungen.

Zaren und Kommunisten

In diese Zeit des Niedergangs traten die russischen Zaren als neue Herren Mittelasiens. Nachdem die Russen seit Ende des 16. Jahrhunderts ihren Machtbereich nach Sibirien ausgedehnt, die verbliebenen Chanate der Goldenen Horde erobert und viele Steppenvölker untergeordnet hatten, setzten sie zum Angriff auf Mittelasien an, um den Engländern zuvorzukommen, die von ihrer Kolonie Indien aus planten, Turkestan dem Einflußbereich des Empire zu unterstellen. Schon seit geraumer Zeit bestanden enge Handelsbeziehungen zwischen dem Zarenreich und den Chanaten Mittelasiens, nun aber, im Jahre 1865, eroberten die Truppen des Zaren Taschkent und schufen das Generalgouvernement Turkestan. 1868 nahmen sie Samarkand ein, woraufhin der Emir von Buchara die Oberhoheit des Zaren anerkannte, um die eigene Machtposition zu bewahren. 1871 wurde das Chanat Kokand eingenommen, das zunächst ebenfalls weiterbestand, 1876 aber, nach Absetzung des letzten Chans, dem russischen Generalgouvernement angeschlossen wurde. 1873 erkannte auch Chiwa die Oberherrschaft der Russen an. 1884 besetzten die Russen die Oase Merv und legten gegenüber Persien und Afghanistan die Staatsgrenzen so fest, wie sie bis zum heutigen Tag gelten. Mittelasien war fortan russische Kolonie und wurde gewaltsam an die Neuzeit herangeführt.

Der Chan von Chiwa und der Emir von Buchara konnten auf ihren Thronen verbleiben und ihre Feudalherrschaft aufrechterhalten, besaßen faktisch jedoch keinerlei politische Macht. Nur die Verwaltung des Chanats und das religiöse Leben blieben in ihrer Verantwortung. Das Land erlebte unter der russischen Herrschaft eine tiefgreifende Verwandlung und Modernisierung — es wurde verkehrsmäßig und wirtschaftlich an Rußland angebunden.

Von der Medrese Tschar-Minar (»Vier Minarette«) aus dem Jahre 1807 ist nur noch das Torhaus mit den Minaretten erhalten. Dieses Gebäude aus der Zeit der Mangiten-Emire gilt als zweites, unverkennbares Wahrzeichen Bucharas.

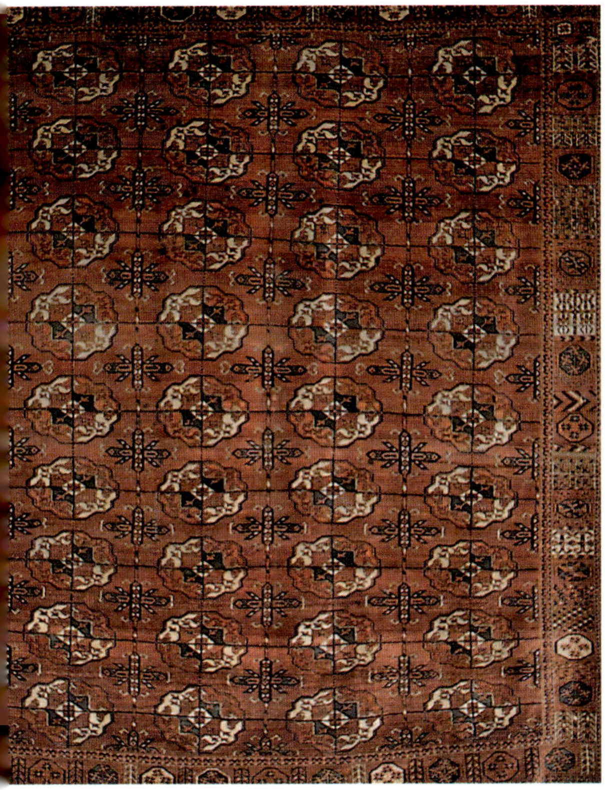

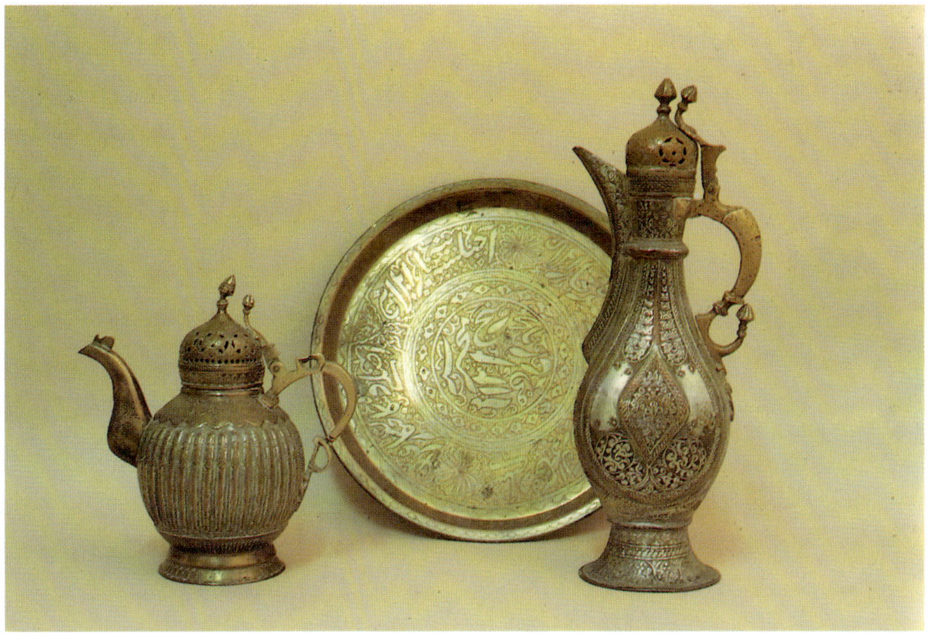

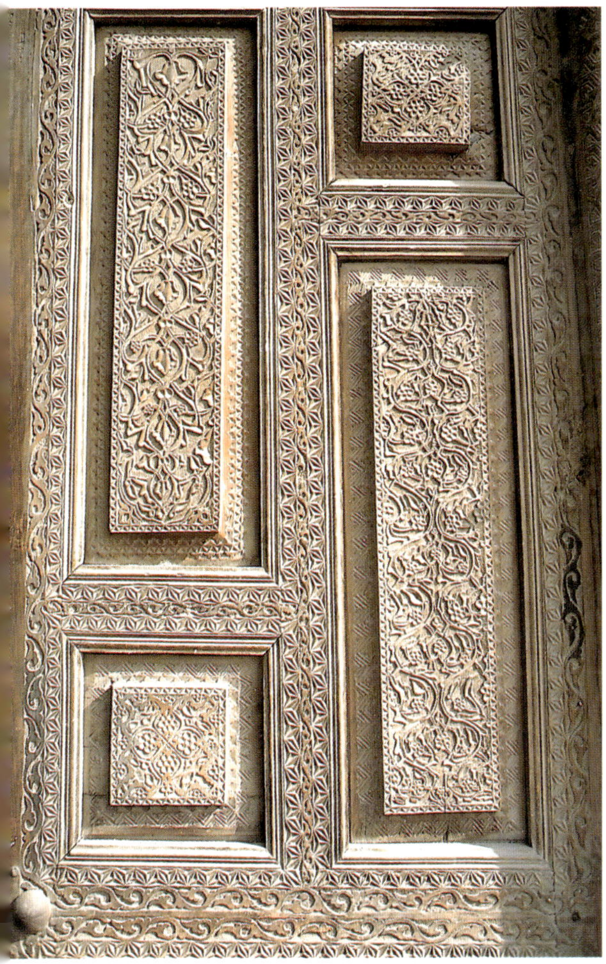

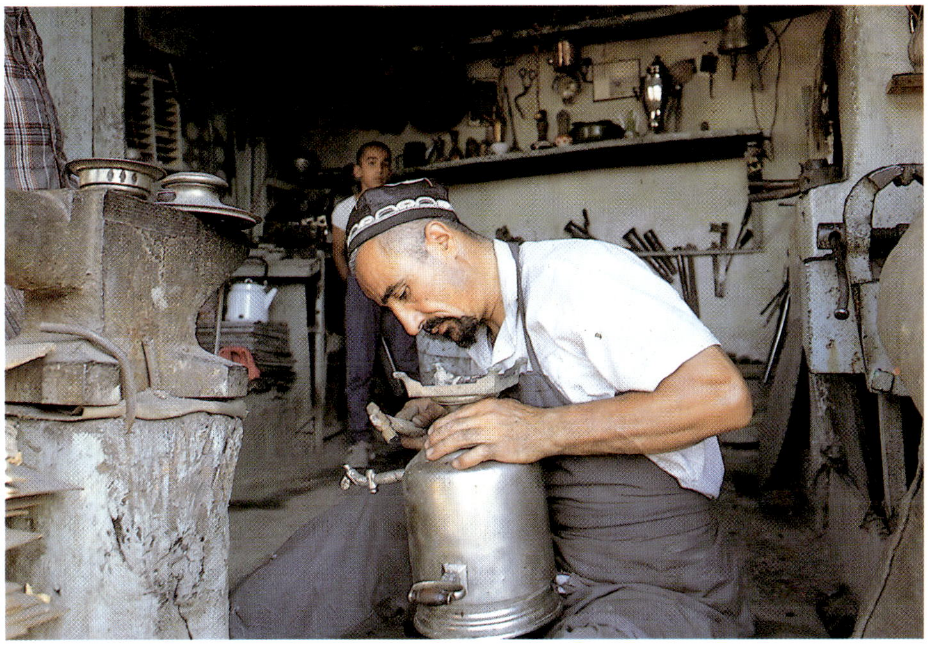

Ein Vorgeschmack des Paradieses

Bei der Ausschmückung ihrer Bauwerke verfügten die mittelasiatischen Baumeister über eine Vielfalt von hochentwickelten Stilmitteln und Ausdrucksformen. Die frühen islamischen Bauten waren sehr schlicht gehalten und nur durch phantasievolles Versetzen der naturfarbenen Ziegel, durch Formziegel und Verkleidungen mit meisterhaft gestalteten Terrakottaplatten geschmückt. Gerade wegen ihrer Schlichtheit erzielen diese Gebäude eine starke optische Wirkung und Ausstrahlung. Ab dem 12. Jahrhundert begannen die islamischen Architekten bevorzugt mit Farbe zu arbeiten. Anfangs wurden die naturfarbenen Fassaden durch Fayenceziegel nur mit dezenten »Farbtupfern« versehen, später aber verkleidete man ganze Gebäude, Kuppeln und Minarette mit prachtvollen Fayencearbeiten. Die in der Sonne glänzenden Fayencen (Majolika) machen aus den Gebäuden leuchtende, schmuckstückartige Objekte, die inmitten der monotonen Ockertöne der Steppe und der vorwiegend aus einfachen Lehmhäusern bestehenden Städte in ihrer fein abgestuften Farbharmonie und Formschönheit einen Vorgeschmack des Paradieses vermitteln sollten. Geometrische Arabesken, florale Muster und Schriftornamente wurden in glänzenden Farben im Inneren und Äußeren der Moscheen, Medresen und Paläste angebracht und zu unerreichter Meisterschaft entwickelt. Vom einfachen türkisblauen Fayenceziegel bis zu kunstvoll geschnittenen plastischen Fayenceplatten und vielfarbigen Fayencemosaiken finden sich in Mittelasien alle Stilformen und Techniken in höchster Qualität. Unter den Timuriden erreichte die Ausgewogenheit von Farbe und Form einen nie wieder übertroffenen Höhepunkt. Auch mit moderner Technik ist die Perfektion der alten Meister nicht zu wiederholen — die feine Farbgebung der Fayencen läßt sich nicht genau reproduzieren und nicht selten bröckeln die restaurierten Stellen schon nach kurzer Zeit wieder ab, während die jahrhundertealten Originale in ungebrochenem Glanz erstrahlen.
Stuck- und Alabasterschnitzereien für Decken und Wände, Stalaktitengewölbe für Nischen, bemalte und unbemalte Holzschnitzereien, Ausmalungen und Vergoldungen von Wänden und Kuppeln und Steinmetzarbeiten sind weitere wichtige Dekorationstechniken in der islamischen Architektur Mittelasiens.

In den Meisterwerken der islamischen Baukunst verbinden sich die Einzelelemente — mächtige Mauern, Kuppeln, Iwane, Säulen, Tore, Türen und Fenster mit all den verschiedenen Dekorationstechniken zu Kunstwerken vollendeter Harmonie und Erhabenheit.

Das Kunsthandwerk erreichte in der islamischen Welt eine hohe Qualität.

Große Abb. links: Detail einer Holzsäule aus dem 10. Jahrhundert, das die Schnitzkunst dieser Zeit beeindruckend demonstriert. (2)

Abb. links oben: Buchara war jahrhundertelang Umschlagplatz für Teppiche aus den umliegenden Nomadengebieten. Vor allem Teppiche aus den westlichen Regionen Mittelasiens wurden auf dem Teppichbasar von Buchara gehandelt. Der abgebildete Teppich aus dem 19. Jahrhundert zeigt ein klassisches Muster der Tekke-Turkmenen. (3)

Abb. rechts oben: Aus Messing gearbeitete Wasserkannen und Tablett. Sie stammen aus dem Buchara des 19. Jahrhunderts. (3)

Abb. rechts: Der iranische Kesselmacher in Buchara hat sein Handwerk vom Vater gelernt und wird es an seinen Sohn weitergeben. Doch die alten Traditionen des Handwerks und Kunsthandwerks leiden auch in Mittelasien unter der wachsenden industriellen Produktion.

Abb. links unten: Kunstvolle Holzschnitzereien zieren die Tür zum Kuppelgrab Ruchabad in Samarkand aus dem späten 14. Jahrhundert.

Die übrigen Künste

In den mit Gebäuden prächtig ausgeschmückten Städten kamen auch die anderen Künste und das Kunsthandwerk zur Hochblüte. Die ausgefeilte Ornamentik der Baukunst wiederholt sich auf Holzschnitzereien wie Türen, Säulen und Schmuckplatten, auf Elfenbeinarbeiten, Glaswaren, Keramiken, Metallarbeiten und Textilien. Auch bei diesen künstlerischen Ausdrucksformen wurden die lokal bereits vorhandenen, teilweise hochentwickelten Techniken und Stilformen übernommen, weiterentwickelt und »islamisiert«. Die Teppiche aus Buchara beispielsweise wurden schon von den alten Römern gepriesen — »... sie sind so dicht, daß man beim Darüberschreiten auf einer Galeere zu schaukeln vermeint«, schrieb der römische Dichter Catull im ersten Jahrhundert v. Chr. — und waren ein wichtiger Handelsartikel der Karawanen auf der Seidenstraße. Durch die persische Teppichkunst aber wurden die »Bucharer« zu weltweit begehrten Sammelobjekten. Bis in unser Jahrhundert war Buchara ein Zentrum für Teppichhändler. Die auf dem Teppichbasar verkauften Stücke wurden dort jedoch nur gehandelt, geknüpft wurden sie in den Nomadenjurten der verschiedenen Provinzen Mittelasiens. Chiwa war ein Sammelplatz für westturkestanische Teppiche, in Samarkand wurden Teppiche aus Ostturkestan, das heute zur chinesischen Provinz Sinkiang gehört, gehandelt. Leider haben sich die modernen, qualitätsmindernden Herstellungsmethoden auch in der mittelasiatischen Teppichkunst durchgesetzt, hier aber kamen nach der Revolution noch besondere Geschmacklosigkeiten hinzu — »echte« Bucharateppiche mit Portäts von Lenin oder Stalin. Auch viele andere Sparten der angewandten Künste und der traditionellen Volkskunst sind im Verfall begriffen — sie vermögen sich nicht gegen die industrielle Konkurrenz zu behaupten.

Kalligraphie und Buchkunst nimmt in der Kunst des Islam eine zentrale Stellung ein. Die Kalligraphie gilt als der einzige rein arabische Beitrag zur islamischen Kunst. Sie ist nicht nur auf ihre Anwendung im Buch beschränkt, sondern findet sich als wesentliches Merkmal der Dekoration auch bei der Innen- und Außengestaltung von Gebäuden. Suren aus dem Koran wurden in stilisierter arabischer Schrift im geometrisierten (Kufi), floralen (Naskhi) oder kalligraphischen (Tsuluts) Duktus auf zahlreichen sakralen Gebäuden zu eleganten Ornamenten gestaltet. Die Liebe zur Schrift und zum Buch ist nicht auf den Koran beschränkt — auch die Werke der Dichter, Geschichtsschreiber, Wissenschaftler und Philosophen wurden in kostbar gebundenen und ausgestatteten Büchern herausgebracht und fanden respektvolle Bewunderung. Die Kalifen, seine Minister und reiche Privatpersonen gründeten erlesene Bibliotheken, in denen auch unzählige übersetzte Werke aus verschiedenen Kulturkreisen enthalten waren. Auch die Malerei des Islam ist eng mit der Buchkunst verbunden. Sie fand vollendeten Ausdruck in der Miniaturmalerei, die sich vor allem in Persien entwickelte. In Mittelasien erlebte sie im Buchara des 16. und 17. Jahrhunderts ihre Hochblüte. Allerdings stand der Maler bei der Herstellung von Büchern auf der untersten Stufe — über ihm rangierten die Ornamentiker, die die Seiten mit der ganzen Fülle islamischer Ornamentik ausgestalteten, den obersten Rang aber nahmen die Kalligraphen ein, die das Gemeinschaftswerk meist alleine signierten. Die Miniaturmaler stellten auf ihren Bildern nicht nur historische Ereignisse und religiöse Themen dar, auch bei wissenschaftlichen Werken und vor allem den Büchern der Dichter und Erzähler spielte die Illustration eine wichtige Rolle.

Viele Dichter aus der islamischen Welt haben einen festen Platz unter den Großen der Weltliteratur, darunter natürlich auch Poeten aus dem mittelasiatischen Raum, zum Beispiel Rudaki, der im 9. Jahrhundert am Hof der Samaniden lebte, Firdausi aus Chorasan, der das berühmte Epos Schahnameh (Königsbuch) mit über 60.000 Doppelversen verfaßte, in das Überlieferungen aus dem alten Sogdien, Choresmien und Baktrien einflossen und das zum am meisten illustrierten Buch der islamischen Welt wurde, Omar Chajjam, der nicht nur Dichter, sondern auch Wissenschaftler war, Nisami, dessen Liebesgedicht »Layla und Madschnun« weit über den persischen Sprachraum hinaus Verbreitung fand, Alischer Nawoi, der als Begründer der usbekischen Literatur gilt.

Die Hochblüte der Wissenschaften

Jahrhundertelang leuchtete das Licht der Wissenschaft fast ausschließlich im islamischen Kulturbereich. »Wer sein Haus verläßt, um der Wissenschaft nachzuforschen, der wandelt auf dem Pfade Gottes bis zu seiner Heimkunft,« lautete ein Ausspruch des Propheten Mohammed, der die hohe Stellung der Wissenschaften im Islam bekräftigte und förderte. Während das Abendland nach dem Zusammenbruch des römischen Reiches mit Ausnahme von Byzanz in einem dunklen Zeitalter versank, spannte die islamische Blüteperiode die Brücke zwischen der griechisch-römischen Hochkultur und der Renaissance, in der die europäische Kultur neu erwachte. »Das Christentum hat uns um die Ernte der antiken Kultur gebracht,« bemerkte Nietzsche, der Islam hingegen hat das Erbe der Antike bewahrt und fortgeführt und das Wissen aus Ost und West gesammelt. Die Werke der Wissenschaftler, Philosophen und Dichter des Altertums waren in arabischer Übersetzung fast lückenlos neben den Büchern der muslimischen Forscher in den Bibliotheken der islamischen Welt zu finden. Zehntausende von Bänden standen den Studenten und Wissenschaftlern zur Verfügung. Die Forschungen der Mohammedaner auf den Gebieten der Mathematik, Geographie, Astronomie, Medizin und anderen Naturwissenschaften waren richtungsweisend und bildeten den Grundstock abendländischer Wissenschaft. Manche ihrer Werke setzten bis in die Neuzeit Maßstäbe. Auch in Mittelasien lebten und wirkten Wissenschaftler, die weit über den islamischen Kulturkreis hinaus Berühmtheit erlangten, beispielsweise Muhammed ibn Musa al-Choresmi, einer der besten Mathematiker des 9. Jahrhunderts. Aus seinem Beinamen al-Choresmi — »aus Choresmien« — leitet sich das Wort »Algorithmus« ab und eines seiner Bücher stand dem Begriff »Algebra« Pate. Der wohl berühmteste Gelehrte des Orients war ibn Sina, im Westen als Avicenna bekannt. Er wurde bei Buchara geboren und wirkte im goldenen Zeitalter der Samaniden im 10. Jahrhundert als Philosoph, Naturforscher, Arzt und Staatsmann. Seine Verschmelzung der Philosophie von Aristoteles mit neuplatonischen Gedanken übte großen Einfluß auf Albertus Magnus und Thomas von Aquin aus und sein medizinischer Kanon galt bis ins 17. Jahrhundert als maßgebliche Lehrschrift an den medizinischen Fakultäten Europas. Er hinterließ 156 Werke zu allen Gebieten der Naturwissenschaft. Al-Biruni war ein Zeitgenosse Avicennas und korrespondierte mit ihm über philosophische, physikalische und mathematische Themen. Bei seiner Berechnung des Erdradius wich er nur um 0,5 % von dem heute ermittelten Wert ab. Er beschäftigte sich zudem mit Astronomie, Geographie, Geschichte, Mineralogie und bestimmte als erster spezifische Gewichte. Auf Ulug Beg, einen Enkel Timurs, der ein berühmtes astronomisches Observatorium baute und dessen Sternpositionstabellen bis in die Neuzeit Gültigkeit besaßen, gehen wir im Kapitel über Samarkand näher ein. Natürlich pflegten die damaligen Wissenschaftler auch Wege der Erkenntnis, die heute als »unwissenschaftlich« gelten, wie Astrologie, Alchemie und andere esoterische Disziplinen.

Auf der folgenden Doppelseite:
Die Seidenstraße heute. Wo früher Karawanen zogen, rollen nun Lastwagen. An vielen Stellen folgen die modernen Überlandstraßen den alten Handelswegen. Die beschwerliche Reise durch die Wüsten und Steppen Mittelasiens, die früher Wochen in Anspruch nahm, ist heute in wenigen Tagen zu bewältigen.

Blühender Saxaulstrauch in der Wüste Kyzyl Kum zwischen Chiwa und Buchara (Abb. links oben).

Von der Karawanserei Rabat-i Malik an der alten Seidenstraße zwischen Buchara und Samarkand ist nur noch das reich verzierte Eingangsportal aus dem 11. Jahrhundert erhalten (Abb. oben Mitte). Solche Karawansereien säumten die Handelsstraßen im Abstand einer Tagesetappe — etwa 30 km —, um den Karawanen Wasser, Lebensmittel und sicheren Unterschlupf für die Nacht zu bieten.

Mitten durch die Ödnis der Wüste nimmt der Amu Darja, der längste und wasserreichste Fluß Mittelasiens, seinen Lauf. An dieser Stelle in der Wüste Kyzyl Kum wird er aufgestaut. Die gewaltigen Bewässerungsprojekte mit dem Wasser von Amu Darja und Syr Darja sind für die Austrocknung des Aralsees, eine der größten Umweltkatastrophen dieses Jahrhunderts, verantwortlich.

Die Seidenstraße

Bis ins 15. Jahrhundert, als europäische Navigatoren den Seeweg nach Asien fanden und die traditionellen Fernhandelswege, die Seidenstraßen, die seit der Antike Europa mit Indien und China verbunden hatten, urplötzlich ihre Bedeutung verloren, war Mittelasien Drehscheibe und Herzstück dieser Verbindungswege zwischen Ost und West. Hier begegneten und verzweigten sich die Straßen des Welthandels von China nach Vorderasien, von Indien nach Europa, von Byzanz nach Nordasien. Für die verschiedenen Kulturen und Herrscher Mittelasiens waren diese Handelswege von entscheidender Bedeutung, und ihrem plötzlichen Verfall ist es zuzuschreiben, daß Turkestan zu einem fast bedeutungslosen, von der Welt vergessenen Landstrich herabsank. In den Jahrhunderten aber, da Handelskarawanen auf diesen Wegen durch Wüsten, Steppen und Gebirge zogen, blühten die Städte Mittelasiens, denn in ihnen begegneten sich Kaufleute, Gesandtschaften, Künstler, Pilger und Missionare aus der ganzen damals bekannten Welt. Auf der Seidenstraße, die man sich übrigens nicht als einzelne Straße denken darf, sondern als System verschiedener Wege und Routen, wurden nicht nur exotische Handelsgüter transportiert, sondern auch Ideen, Philosophien, Religionen, Wissen, Kulturgüter und Technologien. Die Seidenstraße war eine Hauptschlagader von Leben und Kultur in Mittelasien, und jene Zeiten, in denen die Karawanen unbehindert ziehen konnten, waren Zeiten des Wohlstands und der kulturellen Hochblüte. Sechs bis acht Jahre dauerte die gefährliche und äußerst strapaziöse Reise mit Kamelwagen, Lasteseln und Pferden vom Mittelmeer nach China und zurück, fast unvorstellbar im Zeitalter der Düsenjets. 30 Kilometer waren die übliche Tagesetappe. So manche Karawane aber verschwand spurlos in den endlosen Wüsten und Steppen Zentralasiens.

An vielen Stellen folgen die modernen Überlandstraßen Mittelasiens noch immer dem Verlauf der alten Karawanenwege, und die Lastwagen rollen vorbei an den Resten der ehemals prächtigen Karawansereien, wo Menschen und Tiere nach einer anstrengenden Tagesetappe Wasser, Nahrung und sicheren Unterschlupf fanden. Heute haben viele Reisende aus aller Welt die alten Handelswege neu entdeckt und die berühmten Städte Mittelasiens, die lange Zeit fast vergessen schienen, wieder in den Mittelpunkt des Interesses gerückt: Der Kultur-Tourismus ist ein später Segen, den die Seidenstraße ihren Anrainern beschert.

Abb.: Das Abendlicht strahlt auf den Fayencen der Medrese Schir Dor in Samarkand in unwirklichem Goldglanz.

Samarkand

Goldene Stadt der Fruchtbarkeit

»Das Königreich Samojian (Samarkand) hat einen Kreisumfang von sechzehn- bis siebzehnhundert Li. Das Gebiet ist langgestreckt von Ost nach West und schmal von Süd nach Nord. Es wird von natürlichen Hindernissen geschützt und ist reich bevölkert. Die kostbarsten Waren fremder Länder strömen in großen Mengen in diesem Königreich zusammen. Der Boden ist fett und fruchtbar und liefert üppige Ernten. Die Bäume der Wälder zeigen eine prachtvolle Vegetation, und Blumen und Früchte sprießen im Überfluß. Dieses Land liefert eine große Zahl hervorragender Pferde. Die Bewohner zeichnen sich gegenüber denen anderer Länder durch großes künstlerisches und handwerkliches Geschick aus.« Hsüan Tsang, ein buddhistischer Pilgermönch, der im 7. Jahrhundert durch Mittelasien wanderte, steht mit seinem Lob der berühmten Stadt im Serafschantal nicht allein. Schon Alexander der Große soll ausgerufen haben, als er in Marakanda, dem antiken Samarkand, einzog: »Alles, was ich über die Schönheit Marakandas hörte, ist wirklich wahr, nur mit einer einzigen Ausnahme: es ist viel schöner, als ich es mir vorstellen konnte.« Marco Polo, der im 13. Jahrhundert der Seidenstraße folgte, erwähnte Samarkand, obwohl er selbst die Stadt nie besucht hat: »Samarkand ist eine vornehme Stadt, geschmückt mit schönen Gärten und umgeben von einer Ebene, in der alle Früchte wachsen, die man sich nur wünschen kann.«

Samarkand, dessen Name sich aus den Silben »Samar« (fruchtbar) und »Kand« (Ansiedlung) zusammensetzt, kann auf eine jahrtausendealte Geschichte zurückblicken, in der es immer wieder die Hauptstadt blühender Hochkulturen war. Marakanda war der Name Samarkands in der Antike,

Afrasiab unter den Sogdiern. Samarkand liegt — wie auch Buchara — in einer Flußoase des Serafschan (Goldfluß). Dieses Gewässer, einst ein Nebenfluß des Amu Darja, wurde schon früh zur Bewässerung des Landes um Samarkand und Buchara genutzt, so daß es seit langem nicht mehr seine Mündung erreicht — die Oasen Buchara und Samarkand verbrauchen all sein Wasser. Doch nicht allein der Serafschan ist für Reichtum und Bedeutung Samarkands verantwortlich. Auf der Seidenstraße, von der sich eine nördliche und eine südliche Route in Samarkand trafen, erreichten Kostbarkeiten aus Ost und West die Stadt mit dem magisch klingenden Namen.

»Die Stadt Samarkand ist auch sehr reich an Waren, die von überall her kommen. Rußland und Tartarien schicken Flachs und Häute, China schickt Seiden, die die besten der Welt sind, und Moschus, den man nirgendwo anders in der Welt findet, sowie Rubine und Diamanten, Perlen, Rhabarber und vieles mehr«, bemerkte die Gesandtschaft Ruy Gonzales de Clavijos, die Anfang des 15. Jahrhunderts im Auftrag König Heinrichs von Kastilien die Hauptstadt Timur Lenks besuchte.

Wie alle Städte Mittelasiens wurde Samarkand immer wieder zerstört, aufgebaut, wieder zerstört und noch prachtvoller erneut aufgebaut. Während manche ehemals berühmte Städte sich nicht mehr von den Vernichtungen erholten und nur einige wenige, in Wüste und Steppe versunkene Ruinen an die einstigen Glanzzeiten erinnern, ist Samarkand nach einer vorübergehenden Periode des Niedergangs unter den Emiren von Buchara heute wieder *der* Anziehungspunkt Mittelasiens. Weit über 400.000 Menschen leben in der zweitgrößten Stadt Usbekistans. Der Besucher findet eine Fülle prachtvoller architektonischer Zeugnisse der vergangenen Blütezeiten, darunter die Monumentalbauten aus der Zeit Timurs und seiner Nachfolger, als Samarkand zur schönsten und bedeutendsten Stadt der islamischen Welt aufstieg. Die Elite der Länder, die Timur heimsuchte, wurde nach Samarkand verschleppt, um die Hauptstadt des Reiches mit Kunstwerken erster Güte auszuschmücken: Maler, Kalligraphen und Architekten aus Persien, Steinmetze aus Indien, Seidenweber und Glasbläser aus Damaskus, Silberschmiede aus Kleinasien. Ihre Arbeitsbedingungen waren bedrohlich: jene, die sich als unbegabt erwiesen, wurden kurzerhand hingerichtet, andere, die unvergleichliche Meisterwerke schufen, mußten mit Ermordung oder Blendung rechnen, damit sie ihre Schöpfungen nicht an anderer Stelle wiederholten.

Die Stürme der Zerstörung, die über Mittelasien hinfegten, haben gerade in Samarkand viel Unersetzliches vernichtet. Die ältesten erhaltenen Baudenkmäler stammen aus dem 14. Jahrhundert, obwohl Samarkand damals schon auf über zweitausend Jahre Geschichte zurückblickte. Nur in den Ausgrabungsstätten am Ruinenhügel Afrasiab am Nordrand des heutigen Samarkand finden sich Reste der frühen Hochkulturen, die schon versunken waren, als Dschingis-Chan, der Zorn Gottes, in Samarkand wütete. Doch die Moscheen, Medresen und Mausoleen, die seit dem Mongolensturm entstanden, gehören zum Feinsten, was die islamische Kunst zu bieten hat. Der Registanplatz, den drei erhabene Medresen einrahmen, ist der wohl schönste und eindrucksvollste der gesamten islamischen Welt. Gur Emir, das Mausoleum Timurs, gilt als eines der bedeutendsten Denkmäler islamischer Baukunst und hat die Architektur des Islam maßgeblich beeinflußt. »Wenn eines Tages der Himmel verschwinden sollte, die Kuppel von Gur Emir könnte ihn ersetzen,« heißt es in einem alten Gedicht. Um das Grabmal des schrecklichen Kriegsherrn Timur rankte sich die Legende, daß ein furchtbarer Krieg über das Land käme, störte man die Ruhe des toten Herrschers. Und wirklich, zwei Tage nachdem sowjetische Archäologen am 20. Juni 1941 Timurs Grab öffneten und den mit Moschus und Rosenwasser einbalsamierten Leichnam eines kraftvollen Mannes fanden, dessen beide rechte Gliedmaßen lahm gewesen waren, wurde die Sowjetunion durch den Angriff der Nazis in den Vernichtungssturm des Zweiten Weltkriegs hineingerissen.

Aber auch Ulug Beg, Timurs Enkel, liegt im Gur Emir begraben, jener »große Fürst«, unter dem Samarkand eine kurze Zeit der Stabilität und Hochblüte erlebte, denn Ulug Beg war nicht nur Staatsmann, sondern vor allem bedeutender Mathematiker, Astronom, Philosoph und Dichter, zu dessen Hof Gelehrte und Künstler von überall her strömten, diesmal freiwillig, angelockt vom toleranten geistigen Leben am Hofe des Timuriden. Das Kernstück seiner weltberühmten Sternwarte, der untere Teil eines riesigen, in den Felsen getriebenen Sextanten, ist in Samarkand zu besichtigen. Die Sternpositionstabellen, die dort im 15. Jahrhundert entstanden, waren bis in die Neuzeit von hohem Wert und wurden von der modernen Astronomie weitgehend bestätigt. »Das Streben nach Wissenschaft ist Gebot für jeden Moslemmann und jede Moslemfrau«, stand über dem Portal der vom »Galilei Mittelasiens« errichteten Medrese zu lesen, ein Motto, das der orthodoxen Geistlichkeit ein Dorn im

Auge war. Der Ketzerei bezichtigt, wurde Ulug Beg ermordet und sein abgeschlagenes Haupt an der von ihm gegründeten Hochschule zur Schau gestellt.

Eindrucksvollstes Erlebnis für viele Kunstkenner aber ist die Nekropole Schah-i Sinda am Hügel von Afrasiab, des alten Samarkand, zu der einst Gläubige aus ganz Zentralasien pilgerten und deren Betreten für Nicht-Moslems bis ins 20. Jahrhundert verboten war. Schah-i Sinda — »der lebende Schah« — gilt den Moslems als heiligste Stätte Mittelasiens. Der Name geht auf die Legende zurück, daß Kussam ibn Abbas, angeblich ein Vetter des Propheten Mohammed, nach einer verlorenen Schlacht gegen die ungläubigen Feueranbeter hierher floh, wo Allah ihm eine unterirdische Höhle als Versteck anwies, in der er heute noch betend und fastend leben soll. Dem »lebenden Schah« wurde ein prachtvolles Mausoleum errichtet — der Kern der späteren Gräberstraße. Die historische Tatsache, daß Kussam sich nie in Samarkand aufgehalten hat und dort auch nicht begraben liegt, vermochte Eifer und Inbrunst der Pilger und die rege Bautätigkeit der Herrscher an diesem heiligen Ort nicht zu bremsen. Noch heute sieht man Pilger dort beten, wenn die lärmenden Touristengruppen abgefahren sind und das der Straße der Gräber gebührende Schweigen wieder aus den filigran gestalteten Wänden der Mausoleen und Moscheen getreten ist. In der Atmosphäre stillen Friedens in dieser Totenstadt, die zum schönsten gehört, was vom islamischen Mittelalter blieb, fühlt sich der stumm beobachtende Gast aus Europa in der Tat zurückversetzt in die Zeit, als Samarkand zu den glanzvollsten Hauptstädten der Welt zählte.

Der Registan in Samarkand ist eines der beeindruckendsten architektonischen Ensembles der Welt, das im 17. Jahrhundert sein heutiges Gesicht erhielt. Links eine der ältesten islamischen Hochschulen Mittelasiens, die Medrese des Ulug Beg aus dem Jahr 1420 (kleine Abb. oben), erbaut unter der Herrschaft des berühmten timuridischen Fürsten und Wissenschaftlers. Sie gilt als das Musterbeispiel einer klassischen Medrese. Ihr gegenüber, fast wie ein Spiegelbild, die Medrese Schir Dor aus der ersten Hälfte des 17. Jahrhunderts (kleine Abb. unten). Aral-Tiger und Gazellen vor einer Sonne mit menschlichen Gesichtszügen schmücken die Außenfassade des Portals. Diese figürliche Darstellung an einem sakralen Gebäude ist einmalig in der islamischen Welt, sieht man von der Medrese Nadir Diwan Beg in Buchara ab, deren phantasievolle Restauration aber unter Fachleuten umstritten ist. Die Medrese Tilja Kari aus dem 17. Jahrhundert (kleine Abb. Mitte) schließt das Ensemble des Registan. Die Kuppel an ihrer linken Seite gehört zur gleichnamigen Moschee.

Die folgende Doppelseite zeigt die prachtvolle Innenausstattung der Moschee Tilja Kari, die ihren Namen — die Goldgeschmückte — zu Recht trägt. Kuppel, Wände und Stalaktitengewölbe strahlen in Gold- und Blautönen.

»Wenn eines Tages der Himmel verschwinden sollte, die Kuppel von Gur Emir könnte ihn ersetzen«, pries ein Dichter die gewaltige gerippte Melonenkuppel von Timurs Mausoleum Gur Emir. In der Tat gehört dieser monumentale Grabbau, der 1404 — 1405 als Bestandteil eines bereits vorhandenen Ensembles errichtet wurde, zum Schönsten, was islamische Baumeister geschaffen haben. Es diente als Vorbild für viele Bauwerke in der islamischen Welt, so beispielsweise für das Tadsch Mahal in Indien, das von Nachfolgern der Timuriden, den Großmoguln, erbaut wurde. Mehrere berühmte Timuriden ruhen in einer Gruft unter dem prachtvoll mit goldenen Ornamenten ausgestatteten Kuppelraum — der grausame Kriegsherr Timur selbst, sein Sohn Schah Ruch und sein Enkel Ulug Beg.

Die Nekropole Schah-i Sinda am Hügel von Afrasiab gilt als der heiligste Ort Mittelasiens. Noch heute kommen Pilger, um in den Mausoleen zu beten, die zum Schönsten gehören, was vom islamischen Mittelalter geblieben ist. Bis ins 20. Jahrhundert für Nicht-Moslems verboten, ist Schah-i Sinda heute einer der Höhepunkte jeder Reise durch den sowjetischen Orient.

Eine enge Gasse führt zwischen den Grabmälern von Schah-i Sinda hindurch, von denen jedes einzelne durch feinste Fayencearbeiten zu einem leuchtenden, kostbaren Schmuckstück gestaltet wurde. Kernstück der Gräberstraße ist das Mausoleum des legendären »lebenden Schahs« Kussam ibn Abbas, eines Vetters des Propheten Mohammed. Da es als besonderer Vorzug galt, in der Nähe eines solchen Heiligengrabes beigesetzt zu werden, entwickelte sich nach den Zerstörungen durch die Mongolen erneut eine rege Bautätigkeit im späten 14. und frühen 15. Jahrhundert. Die Bauten aus dieser Zeit gaben der Nekropole ihr heutiges Gesicht. Alle Techniken der Fayencedekoration finden sich in Schah-i Sinda in höchster Vollendung — glasierte Ziegel, geschnittene, glasierte Terrakotta, ausgeführt in zwei und drei Ebenen, und reiche Fayencemosaiken.

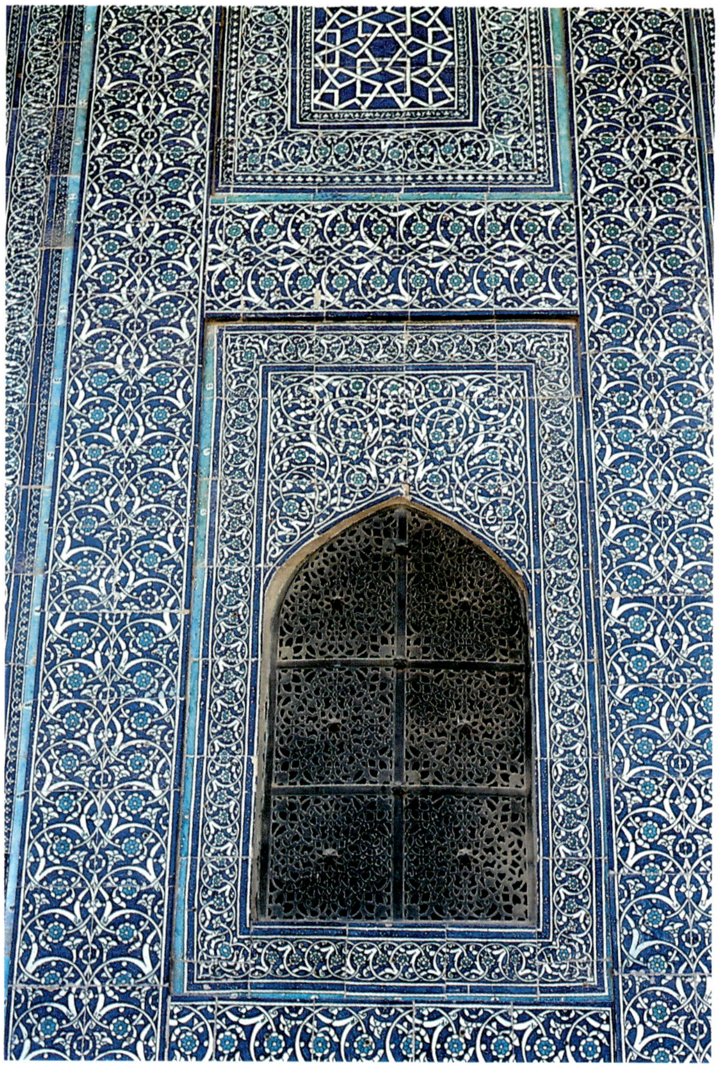

Abb. oben: Chiwa entspricht den Vorstellungen vieler Reisender vom romantischen Morgenland in hohem Maße.

Chiwa

Kulisse aus Tausendundeine Nacht

»Während man mehrere zum Galgen oder Block fortführte, sah ich ganz dicht neben mir, wie acht Greise auf einen Wink des Henkers sich mit dem Rücken auf die Erde niederlegten. Man band ihnen Hände und Füße, und der Henker stach ihnen der Reihe nach beide Augen aus, indem er, auf die Brust eines jeden niederkniend, nach jeder Operation das von Blut triefende Messer an dem weißen Barte des geblendeten Greises abwischte. Grauenvoll war die Scene, als nach dem schrecklichen Acte die Opfer von ihren Stricken befreit, mit den Händen tappend, aufstehen wollten. Manche schlugen mit den Köpfen aneinander, viele sanken kraftlos zu Boden und stießen ein dumpfes Gestöhn aus; die Erinnerung daran wird, so lange ich lebe, mich zittern machen ... In Chiwa sowie in ganz Mittelasien weiß man nicht, was Grausamkeit ist; dies Verfahren gilt für ganz natürlich, da Sitten, Gesetze und Religion damit übereinstimmen.«

Augenzeuge dieser und anderer Grausamkeiten, die unter den Chans von Chiwa offenbar zum Alltag gehörten, war Hermann Vambéry, der in seiner Verkleidung als Wanderderwisch das Mittelasien des 19. Jahrhunderts sozusagen als »Insider« erlebte. Und doch fügte er seinem Bericht über Chiwa, die Hauptstadt des Chanats Choresmien am Unterlauf des Amu Darja hinzu: »Trotz aller Rauheit der Sitten, trotz all dieser Scenen habe ich in Chiwa und seinen Provinzen in meinem Derwischincognito die schönsten Tage meiner Reise verlebt.«

Auch über Choresmien, das in der Geschichte Mittelasiens eine bedeutende Rolle gespielt hatte, das von vielen der Fremdherrscher Turkestans unabhängig geblieben war und im 12. Jahrhundert unter seinen Schahs ein mächtiges islamisches Reich errichten konnte, war eine Zeit des Niedergangs hereingebrochen, als Mittelasien in den Hintergrund der Weltpolitik rückte. Doch gab es gerade in Chiwa, das 1592 die Nachfolge von Kunja-Urgentsch als Hauptstadt Choresmiens angetreten hatte, eine gewisse Zeit der Stabilität und Blüte, in der viele Bauwerke entstanden, die der Chiwaer Altstadt Itschan Kala noch heute das Gepräge einer mittelalterlich-islamischen Stadt geben. Bis dahin war Chiwa kaum mehr als ein Stützpunkt der Karawanen, die auf einer nördlichen Route der Seidenstraße durch endlose Wüsten zogen, und der Schlupfwinkel von Karawanenräubern. Der Brunnen Cheiwak, auf den man die Gründung der Stadt zurückführt und der noch heute im Hof eines alten Wohnhauses erhalten ist, den wenigen Reisenden, die den Weg dorthin finden, stolz vorgezeigt von den gastfreundlichen Bewohnern, soll der Sage nach von Noahs ältestem Sohn Sem gegraben worden sein. Schon im 6. Jahrhundert soll es eine Stadtmauer gegeben haben, die erste Erwähnung Chiwas als Stadt datiert aus dem 10. Jahrhundert und aus der gleichen Zeit stammen einige der kostbaren Holzsäulen der Dschuma-Moschee — sie gehören zu den ältesten erhaltenen Beispielen der meisterhaften Schnitzkunst Mittelasiens.

Neben der nur 400 x 760 Meter großen Altstadt dehnt sich das neue Chiwa aus, in dem die meisten der 30.000 Einwohner leben, das aber kaum ein Reisender besucht. Die Altstadt Itschan Kala hingegen ist wegen ihrer vielen bestens erhaltenen und prächtig ausgestatteten Moscheen, Medresen, Mausoleen, Palästen, Toren und farbigen Minaretten eine der beliebtesten Sehenswürdigkeiten Mittelasiens. Zwar sind die meisten Baudenkmäler Chiwas erst im 18. und 19. Jahrhundert entstanden, das berühmte, mit Ringen aus blauen und grünen Kacheln geschmückte Minarett Islam Chodscha und die gleichnamige Medrese sogar erst im Jahre 1910, doch hinterläßt die unverfälscht erhaltene Altstadt einen Gesamteindruck, der in keiner anderen Stadt Mittelasiens zu gewinnen ist. Wie eine Kulisse aus Tausendundeine Nacht wirkt Chiwa mit seinen engen Gassen und hingeduckten Lehmhäusern, hinter denen sich majestätisch die Kuppeln und Minarette der Medresen und Moscheen erheben. Eine Fülle von Details offenbart sich dem aufmerksamen Betrachter — kunstvoll geschnitzte Holzsäulen auf verzierten Marmorsockeln, die besondere »Chiwa-Ornamentik« mit ihrer reichen Vielfalt von Motiven, die sich auf Schnitzereien, Fayencearbeiten, Stoffen und Metallwaren findet. Ihre Verbindung der von chinesischer Kunst beeinflußten Rankenwerke aus Pflanzen- und Blumenornamenten mit streng geometrischen Girikh-Mustern — z. B. sternförmigen Figuren, die durch die Verlängerung ihrer Linien neue, verschlungene Dekors bilden — ist einmalig in Mittelasien.
Im Harem des Stadtpalastes Tasch-Hauli, den Plätzen vor den Moscheen, Medresen und Toren, den Gassen und Durchgängen fühlt man sich zurückversetzt in eine romantisch-orientalische Märchenwelt. Doch die Stille zwischen den prachtvollen Gebäuden, die sich herabsenkt, wenn die Touristenbusse abgefahren sind, läßt erkennen, daß Chiwa, wo die Zeit stehengeblieben scheint, in der Tat nur Kulisse ist. Denn das bunte Leben des Orients, die Gaukler und Märchenerzähler, die zerlumpten Wanderderwische, die Händler und Wasserverkäufer, die Karawanenführer und Soldaten der fürstlichen Leibgarde, die noch vor einigen Jahrzehnten die Stadt belebten, sind verschwunden. Die Moscheen sind leer, die Medresen zu Museen umgewandelt, von den Minaretten ruft kein Muezzin und auch die Paläste gehören nicht mehr dem Chan, »dessen Grausamkeit selbst die Tartaren mißbilligten« — wie Vambéry zu berichten wußte —, sondern Touristen aus aller Welt, die hier reichlich Fotomotive finden. Chiwa ist Kulisse, Erinnerung an eine Zeit, die so märchenhaft-romantisch nicht war, will man den Berichten der alten Reisenden Glauben schenken.
Doch auf dem Bazar unmittelbar außerhalb der Stadtmauern, wo noch in der zweiten Hälfte des vorigen Jahrhunderts Menschen gehandelt, entflohene Sklaven mit dem Ohr ans Stadttor genagelt und für die abgeschlagenen Köpfe von Feinden Prämien ausbezahlt wurden, und wo heute die Kolchosbauern ihre Waren feilbieten, finden sich Überbleibsel altorientalischen Lebens. Dort köchelt in großen Pfannen auch das Leib- und Magengericht des alten Mittelasien: Plow — Reis mit Hammelfleisch. Die heutigen Touristen, die es mißtrauisch beäugen, sind nicht mehr gezwungen, zuzugreifen, wie einst Vambéry, der sein lebensrettendes Incognito auch am Frühstückstisch wahren mußte: »Meine Haare sträuben sich, wenn ich daran denke, wie ich oft vor Sonnenaufgang zwischen 3 und 4 Uhr morgens vor einer kolossalen Schüssel mit Reis, der in Fett von Schafschwanz gebadet war, sitzen und mit nüchternem Magen zugreifen mußte.« Hätte er es nicht getan, er wäre wahrscheinlich vor den Stadttoren Chiwas als Sklave verkauft worden.

Auf der folgenden Doppelseite: Die nur 400 x 760 Meter große historische Altstadt Chiwas — Itschan Kala — ist unverfälscht erhalten geblieben und vermittelt noch heute den Eindruck einer mittelalterlich-islamischen Stadt.

Nur etwa zweitausend Menschen leben noch in Chiwas historischer Altstadt Itschan Kala, die bis heute unverfälscht erhalten blieb. Erst 1592 wurde Chiwa die Hauptstadt Choresmiens und bis ins 20. Jahrhundert wurde im traditionellen islamischen Stil in ihr gebaut. Das Minarett Kalta-Minar von 1855 (Abb. links) blieb aber unvollendet. Es sollte so hoch gebaut werden, daß man von seiner Spitze bis nach Buchara blicken könnte, die Bauarbeiten wurden aber nach dem Tod des Chans eingestellt, angeblich, weil der Baumeister die Flucht ergriff, da er seine Hinrichtung nach Fertigstellung des Minaretts fürchtete.

Das älteste erhaltene Bauwerk Chiwas ist das Mausoleum Seid-Allauddin von 1306 mit seinen reich mit Fayence geschmückten Kenotaphen (Abb. rechts oben).

Auch die jüngste Vergangenheit ist in Chiwas Altstadt lebendig — ein Veteran aus dem »Großen Vaterländischen Krieg« trägt stolz seine Orden zur Schau (Abb. unten).

Prunkentfaltung für die Lebenden und die Toten:
Der Harem des Palastes Tasch-Hauli in Chiwa (Abb. links), der Wohnort des Chans, ist ein Musterbeispiel für das hoch entwickelte Kunsthandwerk Chiwas — schlanke, kunstvoll geschnitzte Säulen auf Marmorsockeln tragen eine ebenfalls reich geschmückte und ausgemalte Holzdecke; die Wände sind völlig mit Fayencen verkleidet. Der Stadtpalast Tasch-Hauli mit seinen verschiedenen Innenhöfen wurde in der ersten Hälfte des 19. Jahrhunderts erbaut.

Aus der gleichen Zeit stammt das neue Mausoleum des Pahlawan Mahmud (Abb. oben), eines berühmten Volksheiligen des 14. Jahrhunderts, der noch immer große Verehrung genießt. Bis heute beten Pilger in den mit prächtigen Fayencen ausgestalteten Innenräumen, in dem auch einige Chane die letzte Ruhe fanden. (Abb. unten).

In Chiwa bildete sich ein eigener Stil islamischer Ornamentkunst heraus. Typisch sind die auf reich mit Reliefs verzierten Marmorsockeln ruhenden, geschnitzten Holzsäulen vor den von Boden bis Decke mit reichen Fayencearbeiten verkleideten Wänden (Abb. links).

Nahezu unerschöpflich sind die Ornamentmuster dieser Fayencearbeiten (Abb. rechts): Geometrische Formen, verschlungene florale Muster und vielfältige Kombinationen aus diesen Grundelementen wurden von den choresmischen Künstlern zur höchsten Vollendung gebracht.

Auf der folgenden Doppelseite: Mystisches Dunkel liegt zwischen den 212 Holzsäulen der Dschuma Moschee in Chiwa, von denen einige noch aus dem 10. Jahrhundert stammen. Licht fällt nur durch zwei achteckige Öffnungen in der Holzdecke herein. Ende des 18. Jahrhunderts wurde die Dschuma Moschee in Form einer Säulenhalle rekonstruiert — ihr Ursprung geht wahrscheinlich auf eine schon im 10. Jahrhundert erwähnte Palastmoschee zurück. Viele der Säulen, die außerordentlich schöne Beispiele der mittelasiatischen Holzschnitzkunst darstellen, wurden aus älteren Gebäuden übernommen.

Abb.: Die Medrese Mir-i Arab in Buchara ist eine der beiden aktiven islamischen Hochschulen Mittelasiens. Noch um die Jahrhundertwende gab es über hundert Medresen in der »heiligen Stadt« Buchara.

Buchara

Die heilige Stadt

Ausgrabungen weisen darauf hin, daß Buchara bereits vor mehr als 2000 Jahren ein wichtiges Kultur- und Handelszentrum des damaligen Baktrien gewesen ist. Im 6. Jahrhundert n. Chr. wird die Stadt zum ersten Mal urkundlich erwähnt und erreicht unter der Herrschaft der Samaniden-Dynastie im 9. Jahrhundert ihre höchste kulturelle Blüte und ein goldenes Zeitalter, das niemals wiederkehrte. »Buchara — die Heimstätte des Ruhms, die Ka'aba der Souveränität, der Versammlungsort aller herausragenden Persönlichkeiten der Epoche«, preist der im Jahre 1037 gestorbene arabische Schriftsteller Tha' alibi die Hauptstadt des Samanidenreiches. Das Lob des persischen Chronisten Juwaini aus dem Jahr 1260 — »Buchara, eine Stadt, wie es ihresgleichen in der islamischen Welt sonst keine gab« — ist aber schon ein wehmütiger Nachruf, denn zu dieser Zeit ist Buchara bereits von den Mongolen zerstört und die Bevölkerung hingemetzelt. Buchara teilt das Schicksal der mittelasiatischen Städte, wird mehrfach verwüstet und wieder aufgebaut und erlebt eine Vielzahl von fremden Herrschern. Die zweite Hälfte des 16. Jahrhunderts, unter der ösbekischen Dynastie der Schaibaniden, beschert Buchara eine zweite Hochblüte. Buchara wird zum Zentrum der religiösen Ausbildung von islamischen Geistlichen und eine Hochburg der Miniaturmalerei, versinkt dann aber unter den Emiren des Chanats in die dunkle Zeit der Intoleranz und Despotenherrschaft.

»Mir aber wurde indessen immer freundlich geraten, was ich zu tun habe, und ich kann es nur den Ratschlägen und der edelsten Freundschaft meiner Genossen zuschreiben, daß mir in Buchara kein Unglück zustieß; denn abgesehen von dem traurigen Ende meiner Vorgänger in dieser Stadt, habe ich

Buchara nicht nur für uns Europäer, sondern für jeden Fremden sehr gefährlich gefunden, weil das Spioniersystem der Regierung eben die Stufe der Vollkommenheit erreicht hat wie die Verworfenheit der Bevölkerung.«

Hermann Vambéry, ein ungarischer Gelehrter, wanderte 1863, wenige Jahre vor der russischen Invasion, verkleidet als türkischer Derwisch alias »Hadschi-Reschid«, durch Turkestan. Buchara, die heilige Stadt, berühmt für ihre Moscheen und Medresen, die Koranhochschulen, zu denen Studenten von überall aus der islamischen Welt strömten, war im 19. Jahrhundert zu einem Nest der Intoleranz und Bigotterie verkommen, über das ein despotischer Emir mit willkürlicher Grausamkeit gebot. Die Bevölkerung Bucharas hatte allerdings schon im 14. Jahrhundert keinen besonders guten Ruf, als der marokkanische Geograph Ibn Battuta die nach dem Mongolensturm in Trümmern liegende Stadt besuchte und bemerkte: »Auf ihre Bewohner blickt man verächtlich herab, denn sie stehen im Ruf des Fanatismus, der Falschheit und Lügnerei.«

Zwei englische Offiziere bekamen 1841 die Willkür des Emirs Nasrullah von Buchara am eigenen Leibe zu spüren. Sie schmachteten vor ihrer Hinrichtung in den berüchtigten Kerkern, dunklen, luftlosen Felslöchern, gefüllt mit menschlichen Knochen und Unrat, in denen der Emir eigens gezüchtetes Ungeziefer und Reptilien hielt, um die Qual seiner Gefangenen zu erhöhen. W. E. Curtis, ebenfalls Engländer, der Ende des 19. Jahrhunderts, nun aber schon gefahrlos und relativ bequem mit der transkaspischen Eisenbahn, Mittelasien bereiste, nahm Anstoß an den hygienischen Verhältnissen im Emirat Buchara: »Das einzige Laub, das zu sehen war, gehörte einigen wenigen Bäumen, die über schmutzigen, stehenden Wasserbecken hingen, welche zum Trinken, Wäschewaschen und Baden für beide Geschlechter verwendet wurden. Man sieht oft Menschen, die baden und ihre Füße oder ihre Kleider waschen und gleichzeitig Krüge, Gefäße und Eimer für Trinkzwecke füllen.« In der Tat waren die »Chaus«, die offenen Wasserbecken, von denen einige noch heute zu sehen sind, bis in unser Jahrhundert Brutstätten der Cholera und anderer Seuchen. Es scheint verständlich, daß der »rasende Reporter« Egon Erwin Kisch, der 1930, zehn Jahre nach dem Sturz des letzten Emirs, Mittelasien bereiste, die Verdienste der Revolution lobte, die Turkestan aus dem Mittelalter in die Neuzeit katapultierte.

Der Reisende, der heute nach Buchara kommt, muß sich über Feindseligkeit der Einheimischen nicht mehr beschweren. Die Bucharer sind nun an Fremde gewöhnt, die ihre berühmte Stadt besuchen, begegnen ihnen mit höflicher Zurückhaltung und nehmen es würdevoll gelassen hin, wenn sich Touristen in den alten Tschai-Chanes, den Teestuben der Altstadt, neben ehrwürdigen alten Moslems auf den Sitzgestellen niederlassen.

Buchara ist mit etwa 230.000 Einwohnern die Gebietshauptstadt des gleichnamigen Bereichs und liegt inmitten einer Flußoase des Serafschan. Auch heute wird Buchara seinem Ruf als »heilige Stadt« noch ein wenig gerecht, denn eine der beiden islamischen Hochschulen Mittelasiens befindet sich hier, die Moscheen und Medresen aber, die Reisende aus aller Welt anziehen, sind nur mehr Sehenswürdigkeit ohne geistliche Funktion. Um die Jahrhundertwende waren es noch über 10.000 junge Männer, die an den 103 Medresen Bucharas die Suren des Koran studierten. Ganz Mittelasien wurde damals von den Koranhochschulen Bucharas mit Mullahs, islamischen Geistlichen, versorgt. Die Revolution hat dem gewaltsam ein Ende gemacht.

Die erhaltenen Kunstdenkmäler der heiligen Stadt umfassen einen Zeitraum von etwa einem Jahrtausend, da Buchara zu den wenigen Orten Mittelasiens gehört, an denen Bauten aus vormongolischer Zeit die Vernichtungswut Dschingis-Chans und anderer Eroberer überdauert haben. Das berühmte Mausoleum der Samaniden aus dem 10. Jahrhundert, das älteste und wertvollste Bauwerk Mittelasiens, ist ein Zeugnis aus dem goldenen Zeitalter Bucharas. Doch auch aus späteren Epochen haben Kunstdenkmäler von höchstem Rang die wechselhaften Zeiten überstanden, das Minarett Kaljan aus dem 12. Jahrhundert etwa, das Wahrzeichen Bucharas, das mit seinen fast 50 Metern Höhe die prächtigen Medresen und Moscheen überragt. Einst ließ es den Ruf des Muezzin weit über die Stadt erschallen und leitete als Leuchtturm die Karawanen in der Wüste, doch später wurde es von den Emiren auch als Richtstätte mißbraucht. Die Altstadt Bucharas, die sich um dieses Minarett ausbreitet, die Moscheen und Medresen, die überkuppelten Basare und offenen Wasserbecken, fügen sich zu einem einzigartigen Architekturmuseum unter freiem Himmel, in dem sich die hochentwickelte Kunst und Kultur des islamischen Orients vortrefflich studieren läßt.

Das alte Buchara ist ein faszinierendes Architekturmuseum, in dem Zeugnisse aus über tausend Jahren islamischer Baukunst bewahrt sind. Auf einem künstlich aufgeschütteten Hügel erhebt sich der Ark, die Zitadelle, in der die Chane Bucharas bis zur Revolution lebten (große Abb.) Der Ark wurde im Laufe der Jahrhunderte immer wieder zerstört und umgebaut.

Die Moschee Kaljan (Abb. rechts oben) wurde Anfang des 16. Jahrhunderts neben dem berühmten Minarett aus dem 12. Jahrhundert gebaut und durch eine kleine Brücke mit ihm verbunden.

Die Moschee Bolo Chaus (Abb. Mitte) an einem der offenen Wasserbecken mit ihren schlanken Säulen und einer reich geschmückten und ausgemalten Kassettendecke stammt aus dem frühen 18. Jahrhundert.

Tak-i Sarrafon, die »Kuppeln der Geldwechsler« (Abb. rechts unten) ist einer der überkuppelten Basare aus dem 16. Jahrhundert, aus denen das orientalische Leben der alten Zeiten aber längst verschwunden ist.

Die Medrese Nadir-Diwan-Beg aus dem 17. Jahrhundert (Abb. links unten) wurde prachtvoll renoviert, wobei die auf dem Hauptportal abgebildeten Reiher manchen Fachleuten als der Phantasie der Restaurateure entsprungen gelten.

In der Altstadt von Buchara ist von Hektik und Unrast der modernen Zeit wenig zu spüren. Der Verkehr hält sich in Grenzen und über der einfachen Ladenarkade erheben sich die Kuppeln und Portale der Moscheen und Medresen.

Sein goldenes Zeitalter erlebte Buchara unter der Dynastie der Samaniden. Das Mausoleum der Samaniden aus dem frühen 10. Jahrhundert (Abb. oben rechts außen) ist das älteste und wertvollste Baudenkmal Mittelasiens.

Unweit davon erheben sich die schlanken Säulen der Moschee Bolo Chaus, die 800 Jahre später erbaut wurde. (Abb. oben Mitte)

Erst in den 30er Jahren unseres Jahrhunderts wurde die Moschee Magoki Attari aus dem 12. Jahrhundert unter einer Schicht von Sand freigelegt und restauriert. (Abb. rechts unten). An ihrer Hauptfassade findet sich reiches Schmuckwerk aus Terrakotta.

Zeittafel

Mittelasiatischer Raum		Wichtige Daten der Weltgeschichte zum Vergleich	

Besiedlung Mittelasiens seit der Altsteinzeit. Zwischen dem 5. und 4. Jahrtsd. v. Chr. erste Städte und erste Kulturhochblüte. Um die Mitte des 1. Jahrtausends v. Chr. tritt Mittelasien in das Zeitalter der geschriebenen Geschichte ein.

vor Chr.

		ca. 700-330	Persisches Weltreich unter der Dynastie der Achämeniden
Um 630	Zoroaster in Baktrien geboren		
ab 530	Achämeniden erobern Mittelasien und teilen das Land in persische Verwaltungsbereiche auf		
		490	Perser greifen Attika an
		477	Attisch-Delischer Seebund
		448	Friede zwischen Persien und Athen (Kalliasfriede)
		334	Alexander der Große greift Persien an
		330	Persepolis vernichtet. Alexander »König von Asien«
329	Alexander der Große dringt in Mittelasien ein		
		323	Alexander der Große stirbt
		323-280	Diadochenkämpfe
ca. 300-140	Hellenistisch geprägtes gräko-baktrisches Reich im Süden Mittelasiens	230-221	Entstehung eines Großreiches in China
		218	Hannibal überquert die Alpen
	Im Norden Reich von Choresmien	um 214	Bau der Großen Chinesischen Mauer abgeschlossen
		206-165	Mao-dun dehnt das Steppenreich der Hiung-Nu aus und vertreibt u. a. das Volk der Yüäh-dschi
um 130	Gräko-baktrisches Reich erliegt dem Ansturm der Saken und der Yüäh-dschi	146	Griechenland unter römischer Herrschaft
	Yüäh-dschi werden in Mittelasien seßhaft und begründen das Reich der Kuschan, das bis ins 4. Jahrhundert n. Chr. besteht	44	Ermordung Cäsars in Rom

nach Chr.

		226	Ardaschir, »König der Könige von Iran« begründet die Dynastie der Sassaniden. Das Weltreich der Sassaniden wird zur größten außenpolitischen Bedrohung für das Römische Reich
um 227	Sassaniden erobern die Kernländer des Kuschanreiches		
		323	Konstantin der Große Alleinherrscher im Römischen Reich
		337	Teilung des Römischen Reiches
ab 350	Hunnen greifen die östlichen Gebiete des Sassanidenreiches an		
		375	Hunnen erobern das Reich der Ostgoten
um 400	Hephtaliten (Weiße Hunnen) dringen in Sogdien und Baktrien ein und schlagen die Sassaniden zurück		
		410	Eroberung Roms durch die Westgoten
		445-453	Hunnenkönig Attila herrscht über Osteuropa
		ab 470	Hunnen dehnen ihre Herrschaft weit über Indien aus
		471-526	Theoderich I., König der Ostgoten
		493-554	Ostgotenreich in Italien

		um 507	Entstehung des Fränkischen Großreiches unter Chlodwig I.
		um 552	Türken begründen riesiges Steppenimperium in Zentralasien und dringen nach Westen vor
ab 569	Sassaniden verbünden sich mit Türken gegen die Hephtaliten — die Hephtaliten werden geschlagen, die Sassaniden von den Türken verdrängt. Türkische Chanate entstehen. Hochkultur der Sogder und Tocharer		
		622	Beginn der islamischen Zeitrechnung
		635	Islamisch-arabische Expansion beginnt
651	Merv wird von Arabern erobert	651	Sassanidenreich ganz unter arabischer Herrschaft
659	Chinesen dringen in Mittelasien ein		
		661	Dynastie der Omajjaden übernimmt die Macht des Kalifats. Hauptstadt Damaskus
670	Tibeter zwingen Chinesen zum Rückzug		
671	Araber dringen nach Transoxanien vor		
674	Buchara in arabischer Hand	674	Vergebliche Belagerung von Konstantinopel durch die Araber
676	Samarkand in arabischer Hand		
694	Chinesen kehren nach Mittelasien zurück		
		697	Zerstörung Karthagos durch die Araber
709	Der arabische Feldherr Kutaiba gewinnt Mittelasien endgültig für die Araber		
	Buchara arabisch	711	Araber landen in Spanien
712	Samarkand arabisch		
713	Ferghanatal arabisch		
714	Taschkent arabisch		
715	Kutaiba wird ermordet		
	Aufstände gegen Araber, die sich zurückziehen		
718	Niederlage der Türken gegen die Chinesen	718/19	Byzanz wehrt die Araber ab
730	Araber dringen erneut vor und errichten die Macht des Kalifats endgültig		
		732	Sieg Karl Martells über die Araber bei Tours und Poitiers
		741	Pippin König der Franken
		750	Dynastie der Abbasiden übernimmt die Macht des Kalifats. Omajjaden werden ermordet.
751	Chinesen werden endgültig zurückgeschlagen		
751	Erste Papierfabrik in Samarkand		
		756	Begründung des Emirats von Cordoba.
		763	Bagdad wird Hauptstadt der Abbasiden.
783-847	Al-Choresmi (Mathematiker)		
		800	Kaiserkrönung Karls des Großen in Rom
		844	Normannen fallen in Spanien ein
ab 874	Iranische Dynastie der Samaniden wird unabhängig — Mittelasien erlebt ein goldenes Zeitalter — Buchara ist glanzvolle Metropole.		
		um 900	Beginn der Reconquista Spaniens
932-1020	Firdausi, Dichter des »Schahname«		
		962	Krönung Ottos I. zum Kaiser, Beginn des »Heiligen Römischen Reiches Deutscher Nation«
973-1048	Al-Biruni (Wissenschaftler)		
980-1037	Ibn-Sina (Avicenna) (Wissenschaftler)		
999	Karachaniden erobern Buchara. Südlich des Oxus setzen sich die Ghasnawiden durch. Ende der Samanidenherrschaft		

1025	Seldschuken dringen in Mittelasien ein und begründen ein islamisches Reich, das sich bis Kleinasien erstreckt Merv ist Hauptstadt der Ost-Seldschuken
1137	Kara-Chitai schlagen die Karachaniden
1141	Kara-Chitai besiegen die Ost-Seldschuken. Die Choresm-Schahs drängen die Kara-Chitai zurück und begründen islamisches Reich mit der Hauptstadt Gurgantsch (Kunja-Urgentsch)
1141-1209	Nisami (Dichter)
1215	Erste Tuchfühlung der Choresm-Schahs mit den Mongolenheeren Dschingis-Chans
1218	Dschingis-Chan dringt in Mittelasien ein
1220	Buchara, Samarkand und Gurgantsch werden erobert, zerstört und entvölkert
	Unter dem Einfluß der Goldenen Horde erlebt Choresmien mit seiner Hauptstadt Gurgantsch eine neue Blütezeit.
1369	Timur Lenk (Tamerlan) Alleinherrscher über Transoxanien. Vernichtungskriege gegen die Nachbarstaaten. Samarkand wird Hauptstadt des zweiten Mongolischen Weltreiches
1405	Tod Timurs
1405-1447	Schah Ruch
1441-1501	Alischer Nawoi (Usbek. Nationaldichter)
1449	Ulug Beg wird hingerichtet
1500	Ösbeken dringen in Transoxanien ein Schaibaniden-Dynastie mit Hauptstadt Buchara
ab 1599	Herrschaft geht an die Dynastie der Dschainiden über. In Choresmien behauptet sich ein Zweig der Schaibaniden Mittelasien wird in Chanate unterteilt
1740	Nadir-Schah fällt in Mittelasien ein
1785-1920	Mangiten Emire in Buchara
1805-1920	Kungrat Chane in Chiwa
ab 1860	Eindringen der Russen in Mittelasien
1865	Errichtung des russischen Generalgouvernements in Taschkent
1868	Samarkand wird von Russen erobert Emir von Buchara erkennt russische Oberherrschaft an

um 1000	Wikinger erreichen Ostküste von Nordamerika
1066	Normannen unter Wilhelm dem Eroberer in England
1096-1099	Erster Kreuzzug
1147	Gründung von Moskau
1147-1149	Zweiter Kreuzzug
1152-1190	Friedrich I. Barbarossa deutscher Kaiser
1206	Temudschin läßt sich zum Dschingis-Chan ausrufen
1215	Dschingis-Chan erobert und vernichtet Peking
1215	»Magna Carta« in England
1227	Dschingis-Chan stirbt Das mongolische Weltreich wird aufgeteilt
1259	Mongolen erobern Bagdad, Aleppo, Damaskus und große Teile Kleinasiens. Kalifat der Abbasiden wird vernichtet
1295	Marco Polo kehrt nach Venedig zurück
1339-1453	»Hundertjähriger Krieg« zwischen England und Frankreich
1378-1417	Schisma der katholischen Kirche
um 1400	Feuerwaffen beenden das Rittertum
1431	Johanna von Orleans hingerichtet
1445	Gutenberg erfindet den Buchdruck
1453	Osmanensultan Mehmed II. erobert Byzanz
1492	Ende des maurischen Restreiches in Spanien
1492	Kolumbus entdeckt Amerika
1498	Vasco da Gama findet Seeweg nach Ostindien
1509-1547	Heinrich VIII. König von England
1517	Beginn der Reformation in Deutschland
1588	Untergang der spanischen Armada
1618-1648	Dreißigjähriger Krieg
1643-1715	Ludwig XIV. König von Frankreich
1703	Zar Peter I. gründet Petersburg
1740-1786	Friedrich II., König von Preußen
1762-1796	Katharina II., Zarin von Rußland
1776	Erklärung der Menschenrechte in den USA
1789	Beginn der Französischen Revolution
1815	Schlacht von Waterloo
1858	Indien wird britische Kronkolonie
1865	Abschaffung der Sklaverei in den USA

1871	Chanat Kokand erkennt russ. Oberherrschaft an	1870/71	Deutsch-französischer Krieg
1873	Chanat Chiwa erkennt russische Oberherrschaft an		
1876	Kokand wird Teil des russischen Generalgouvernements		
1884	Merv russisch. Festlegung der bis heute gültigen Staatsgrenzen		
		1914-1918	Erster Weltkrieg
		1917	Oktoberrevolution
1920	Emir von Buchara und Chan von Chiwa abgesetzt. Chanate werden Teil der Sowjetunion		
1923	Basmatschen-Aufstand		
	Aufteilung Mittelasiens in fünf Sowjetrepubliken		

Verwendete Literatur

Aini, Sadriddin: Buchara, Leipzig, 1953
Albaum, L.I./Brentjes, Burchard: Herren der Steppe, Berlin 1986
Amiet, Pierre: Die Kunst des Alten Orient, Freiburg, 1977
Barthold, W.: Turkestan — Down to the Mongol Invasion, London, 1928
Belenickij, Aleksandr: Zentralasien, Genf, 1968
Benzig, Johannes: Turkestan, Berlin, 1943
Borodina, Iraida: Central Asia, Moskau, 1987
Brent, Peter: Das Weltreich der Mongolen, Bergisch-Gladbach, 1988
Brentjes Burchard/Brentjes Sonja: Ibn Sina (Avicenna), Leipzig, 1979
Brentjes, Burchard: Das alte Persien, Wien, 1978
Brentjes, Burchard: Die Ahnen Dschingis-Chans, Berlin, 1988
Brentjes, Burchard: Die Araber, Leipzig, 1971
Brentjes, Burchard: Die Mauren, Leipzig, 1989
Brentjes, Burchard: Mittelasien — Kunst des Islam, Leipzig, 1979
Brentjes, Burchard: Mittelasien, Leipzig, 1977
Brentjes/Vasilievski: Schamanenkrone und Weltenbaum, Leipzig, 1989
Bulatova, V. / Shishkina, G.: Samarkand, Taschkent, 1986
Curtis, William Eleroy: Turkestan, the Heart of Asia, London, 1911
Diez, Ernst: So sahen Sie Asien, Wien, 1942
Drége, Jean-Pierre: Seidenstraße, Köln, 1986
Duncan, David Douglas: The World of Allah, Boston, 1982
Eggebrecht, Arne (Hrsg.): Die Mongolen und ihr Weltreich, Mainz, 1989
Gabain, Annemarie von: Einführung in die Zentralasienkunde, Darmstadt, 1979
Gascoigne, Bamber: Die Großmoguln, München, 1973
Gille, Hans-Werner: Der Nahe Osten, Wels, 1988
Grässel, Rose: Hans Schiltbergers Reise in die Heidenschaft, Hamburg, 1947
Gutbrod, Karl: Geschichte der frühen Kulturen der Welt, Köln, 1978
Hayit, Baymirza: Sowjetrussische Orientpolitik am Beispiel Turkestans, Köln, 1962
Heissig, Walther / Müller, Claudius: Die Mongolen, Innsbruck/Frankfurt, 1989
Hoag, John D.: Islam, Stuttgart 1986
Holdsworth, Mary: Turkestan in the Nineteenth Century, Oxford, 1959
Hopkirk, Peter: Die Seidenstraße, München, 1986
Kafesoğlu, İbrahim: Harezmşahlar Devleti Tarihi, Ankara 1956
Kisch, Egon Erwin: Asien gründlich verändert, Berlin, 1932
Knobloch, Edgar: Turkestan, München 1973
Konzelmann, Gerhard: Die Araber, München, 1976
Koran, Der, Übersetzung von Ludwig Ullmann, München, 1959
Lauffer, Siegfried: Kurze Geschichte der antiken Welt, München, 1971
Lentz, Thomas: Timur and the Princely Vision, Los Angeles, 1989
Lettenmair: Das große Orient-Teppich-Buch, Wels, 1985
Maclean, Fitzroy: A Person From England, London, 1958
Milger, Peter: Die Kreuzzüge, München, 1988
Nowgorodowa, Eleonora: Alte Kunst der Mongolei, Leipzig, 1980
Olzscha, Reiner/Cleinow, Georg: Turkestan, Leipzig, 1942
Ott, Ursula: Transoxanien und Turkestan zu Beginn des 16. Jahrhunderts, Freiburg, 1974
Pander, Klaus: Sowjetischer Orient, Köln, 1982
Papadopoulo, Alexandre: Islamische Kunst, Freiburg, 1977
Parigi, Ingrid/Welder, Michael: Sibirien und Zentralasien, Stuttgart, 1978
Poliakova, E. A. / Rakhimova, Z. I.: L'art de la miniature et la littérature de l'Orient, Taschkent, 1987
Pugatschenkowa, Galina / Chakimow, Akbar: Die Kunst Mittelasiens, Leningrad, 1988
Raunig, Walter: Bernstein-Weihrauch-Seide, Wien, 1971
Richter, Hans Werner: Karl Marx in Samarkand, Neuwied/Berlin, 1966
Rübsamen, H. E. (Hrsg.): Die Reisen des Venezianers Marco Polo, München, 1969
Sarianidi, Viktor: Die Kunst des alten Afghanistan, Leipzig, 1986
Schweizer, Gerhard: Die Derwische, Salzburg, 1980
Sourdel-Thomine J./Spuler B.: Die Kunst des Islam, Berlin, o.J.
Statistisches Bundesamt: Länderbericht Sowjetunion 1988, Wiesbaden, 1988
Stierlin, Henri: Die Welt der Perser, Bayreuth, 1980

Suleiman Hamid: Miniatures Illustrations of Alisher Navoi's Works, Taschkent, 1982
Sundermann, Werner (Hrsg.): Lob der Geliebten — Klassische persische Dichtungen, Berlin, 1983
Teichman, Sir Eric: Journey to Turkistan, London, 1937
UdSSR, Jahrbuch 89, Moskau, 1989
Vambéry, Hermann: Reise in Mittelasien, Leipzig, 1865
Waldschmidt, Ernst: Gandhara, Leipzig, 1925
Wheeler, Mortimer: Prachtbauten des Ostens, Frankfurt, 1968
Zeimal, E.: Oxus, Zürich, 1989

Danksagung

Für die Unterstützung unserer Arbeit an diesem Buch und für die freundliche Genehmigung von Fotoaufnahmen von Museumsstücken bedanken wir uns herzlich bei:

Prof. B.A. Litvinsky, Moskau
Dr. L.I. Albaum, Taschkent
Prof. B. Brentjes, Berlin
Dr. J.W. Frembgen, München

Museumsnachweis

Die Zahl hinter den Bildtexten zu Museumsstücken in diesem Buch bezieht sich auf folgende Museen:

(1) Staatl. Ermitage, Leningrad (Wanderausstellung »Kunst Mittelasiens«, Staatl. Museum für Völkerkunde, München)

(2) Museum für Geschichte der Völker Usbekistans, Taschkent

(3) Staatliches Museum für Völkerkunde, München

(4) Akmal-Ikramow-Museum, Samarkand

(5) Bayerische Staatsbibliothek, München

Ferne Länder in Reise-Bildbänden

Rudolf Kratzl/Hanspeter Mattes
Libyen
Öl, Sand und Steine — Ein Land im Umbruch

30,2 x 24,3 cm, 120 S. mit 123 Farbfotos und zwei Karten, geb. mit Schutzumschlag.

»Libyen ist ein Land mit sieben — politischen — Siegeln, dem Touristen schwer und dem Journalisten kaum zugänglich, solange er frei zu reisen versucht. Aus diesem Grunde ist das reichhaltige Photo- und Reisebuch von Rudolf Kratzl und Hanspeter Mattes eine echte Bereicherung und beinahe ein Ersatz für die eigene Anschauung. Wer versucht hat, in Libyen journalistisch oder photographisch zu arbeiten, glaubt es ohne weiteres, wenn es heißt, die Bilder des Buches, die das ganze, weite Wüstenland in all seinen Aspekten erfassen, seien teilweise unter Lebensgefahr entstanden (...).«

Neue Züricher Zeitung

Helfried Weyer
Tibet — Ein stiller Ruf nach Freiheit

24,3 x 26,0 cm, 120 S. mit 62 Farbfotos und einem Vorwort von Franz Alt, geb. mit Schutzumschlag.

»Alle Fotos des Bildbandes sind von bestechender Qualität. Die Schönheit Tibets, die große, intime Religiosität und die natürliche Freundlichkeit der Tibeter geben anschaulich Zeugnis ab von Gewaltfreiheit und dem *stillen* Ruf nach Freiheit und Selbstbestimmung. Wer schon einmal Tibet bereist hat, den wird die außerordentliche Intensität der Aufnahmen faszinieren, als würde man selbst am Jokhang-Tempel in Lhasa oder am Manasarovarsee die Prostration der Pilger miterleben (...).«

Das neue China

Heinz Weißfuß/Michael Neumann-Adrian und Christoph K. Neumann
Türkei — Fernes Land — Nahes Land

30,2 x 24,3 cm, 88 S. mit 47 Farbfotos und einer Karte, geb. mit Schutzumschlag.

»Auf mehreren Reisen hat Heinz Weißfuß das Wesen dieses Landes und seiner Menschen erfaßt: Fotos voller Stimmung, Atmosphäre, vollendeter Komposition und Ausdruckskraft verstärken den Wunsch, mehr von diesem Land, das uns in vielem ferne und doch in so mancher Beziehung nahe gekommen ist, zu erfahren und zu erleben. Ein Buch, das in jede gute Reisebibliothek gehört.«

Kärntner Tageszeitung

Helfried Weyer
Begegnungen

21,6 x 20,0 cm, 72 S. mit 40 Farbfotos, Pappband lam.

»Seit über zwei Jahrzehnten reist Weyer durch die ganze Welt, immer auf der Suche nach Landschaften und Menschen. In seinem Buch konzentriert er sich auf Personen und Porträts aus den verschiedensten Ländern und Kulturkreisen. Doch mit sicherem Blick für das Wesentliche (und mit stets sichtbarer technischer Souveränität im Umgang mit der Kamera) wird das Gemeinsame und eine alle Menschen verbindende Grundstimmung herausgestellt: Auf allen Kontinenten findet der Fotograf gleiche Träume, Bedürfnisse, Sorgen (...).«

Gießener Anzeiger

Eulen-Bücher sind erhältlich in allen Buchhandlungen

Eulen Verlag

Aus der Reihe »Ganz persönlich«

Beschreibungen in Zusammenarbeit mit dem ZDF

Heinrich Albertz
Breslau
mit 43 Farbfotos von Stanisław Krzemiński

Rainer Barzel
Ermland und Masuren
mit 29 Farbfotos von Karl-Heinz Jürgens und Helfried Weyer und einer Karte

Maria Beig
Aus Oberschwaben
Paradies vorm Ausverkauf
mit 37 Farbfotos von Rupert Leser und zwei Karten

Utta Danella
In Ostholstein
Wasser ist hier überall
mit 40 Farbfotos von Werner Richner

August Everding
Bottrop
mit 37 Farbfotos von Károly Szelényi

Otto Herbert Hajek
Stuttgart
Lebensraum Stadt — und Kunst
mit 40 Farbfotos von Siegfried Himmer

Peter Horton
Intermezzo am Inn
mit 36 Farbfotos und zwei Karten

Hanns Dieter Hüsch
Am Niederrhein
Pflaumenkuchen und schlaflose Nächte
mit 30 Farbfotos von Thomas Mayer und einer Karte

Walter Kempowski
In Rostock
mit 40 Farbfotos von Erhard Pansegrau und einer Karte

Christian Graf von Krockow
Pommern — Ein Wiedersehen
mit 34 Farbfotos von Stanisław Krzemiński

Günter Kunert
In Schleswig-Holstein
Zwischen den Meeren
mit 34 Farbfotos von Hans Joachim Kürtz

Hermann Lenz
Im Hohenloher Land
mit 38 Farbfotos von Karlheinz Jardner und einer Karte

Erich Loest
Ein Sachse in Osnabrück
mit 33 Farbfotos von Christian Grovermann und zwei Karten

Lore Lorentz
Düsseldorf
und der Düsseldorfer
mit 37 Farbfotos von Thomas Mayer

Hans Maier
Freiburg
Flucht ins Behagen
mit 43 Farbfotos von Max Galli

Albert Mangelsdorf
Frankfurt am Main
Jazzmusik und grüne Soß
mit 35 Farbfotos von Erhard Pansegrau

Reinhard Mey
Mein Dorf in Berlin
mit 40 Farbfotos von Erhard Pansegrau

Sandra Paretti
Mein Regensburger Welttheater
mit 37 Farbfotos von Jürgen Richter

Luise Rinser
Ort meiner Kindheit: Wessobrunn
mit 30 Farbfotos von Jürgen Richter und einer Karte

Jürgen Scheller
Potsdam
Der Alte Fritz und die neue Zeit
mit 30 Farbfotos von Karl-Heinz Jürgens und drei Karten

Klaus Staeck
Alt-Heidelberg, das meine
mit 44 Farbfotos von Dirk Reinartz

Konstantin Wecker
Wieder dahoam — Wo München mir gehört
mit 39 Farbfotos von Joachim v. Czarnowski

André Weckmann
Elsaß
Heimat: Das sind wir
mit 39 Farbfotos von Werner Richner

Gabriele Wohmann
Darmstadt
Unterwegs gehöre ich nach Haus
mit 35 Farbfotos von Roman Größer

Dieter Zimmer
Mein Leipzig — lob ich's mir?
mit 37 dokumentarischen Farbfotos und zwei Karten
Format 24 x 17 cm

Jeder Band im Format 22,6 x 24,3 cm, 48 Seiten, Pappband laminiert

Eulen Verlag

وما ربك بغافل عما يعملون

سورة القصص ثمان وثمانون آية مكية

بسم الله الرحمن الرحيم

طسم تلك آيات

الكتاب المبين نتلوا